GUIDE ZODIAQUE des filles

Publié par **Presses Aventure**,
une division de Les Publications Modus Vivendi inc.
55, rue Jean-Talon Ouest, 2e étage
Montréal (Québec) H2R 2W8, CANADA

Éditeur : Marc Alain
Responsable de collection : Marie-Eve Labelle
Designer graphique : Catherine Houle
Illustratrice : Roselyne Cazazian
Auteure : Karine Blanchard

Dépôt légal — Bibliothèque et Archives nationales du Québec, 2011
Dépôt légal — Bibliothèque et Archives Canada, 2011

ISBN 978-2-89660-331-2

Nous reconnaissons le soutien financier du gouvernement du Canada par l'entremise du Fonds du livre du Canada pour nos activités d'édition.

Gouvernement du Québec — Programme de crédit d'impôt pour l'édition de livres — Gestion SODEC

Imprimé au Canada

GUIDE ZODIAQUE des filles

Auteure : Karine Blanchard
Illustratrice : Roselyne Cazazian

PRESSES AVENTURE

Table des matières

Leila

Surnom : Lé
Date de naissance : 14 avril
Signe astrologique : Bélier
Date : Du 21 mars au 20 avril
Pierre précieuse : Diamant
Fleur : Pois de senteur
Nombre : 11
Couleur : Rouge
Jour : Mardi
Élément : Feu

Brigit

Surnom : Diva
Date de naissance : 4 mai
Signe astrologique : Taureau
Date : Du 21 avril au 20 mai
Pierre précieuse : Émeraude
Fleur : Muguet
Nombre : 7
Couleur : Vert
Jour : Vendredi
Élément : Terre

Momoko

Surnom : Mimi
Date de naissance : 21 juin
Signe astrologique : Gémeaux
Date : Du 21 mai au 21 juin
Pierre précieuse : Perle
Fleur : Rose
Nombre : 9
Couleur : Orange
Jour : Mercredi
Élément : Air

Yolanda

Surnom : Yo
Date de naissance : 26 juin
Signe astrologique : Cancer
Date : Du 22 juin au 22 juillet
Pierre précieuse : Rubis
Fleur : Pied d'alouette
Nombre : 3
Couleur : Argent
Jour : Lundi
Élément : Eau

Clothilde

Surnom : Cloclo
Date de naissance : 30 juillet
Signe astrologique : Lion
Date : Du 23 juillet au 22 août
Pierre précieuse : Péridot
Fleur : Glaïeul
Nombre : 1
Couleur : Rouge
Jour : Dimanche
Élément : Feu

Margrit

Surnom : Marge
Date de naissance : 30 septembre
Signe astrologique : Balance
Date : Du 23 septembre au 22 octobre
Pierre précieuse : Opale
Fleur : Souci
Nombre : 8
Couleur : Fuchsia
Jour : Vendredi
Élément : Air

Virginia

Surnom : Gini
Date de naissance : 22 septembre
Signe astrologique : Vierge
Date : Du 23 août au 22 septembre
Pierre précieuse : Saphir
Fleur : Aster
Nombre : 4
Couleur : Bleu marine
Jour : Mercredi
Élément : Terre

Keera

Surnom : Fée
Date de naissance : 26 octobre
Signe astrologique : Scorpion
Date : Du 23 octobre au 21 novembre
Pierre précieuse : Topaze
Fleur : Chrysanthème
Nombre : 6
Couleur : Violet
Jour : Mardi
Élément : Eau

Éloïse

Surnom : Élo
Date de naissance : 30 novembre
Signe astrologique : Sagittaire
Date : Du 22 novembre au 20 décembre
Pierre précieuse : Turquoise
Fleur : Narcisse
Nombre : 9
Couleur : Bleu royal
Jour : Jeudi
Élément : Feu

Yin

Surnom : Yin
Date de naissance : 7 février
Signe astrologique : Verseau
Date : Du 20 janvier au 18 février
Pierre précieuse : Améthyste
Fleur : Violette
Nombre : 2
Couleur : Beige
Jour : Samedi
Élément : Air

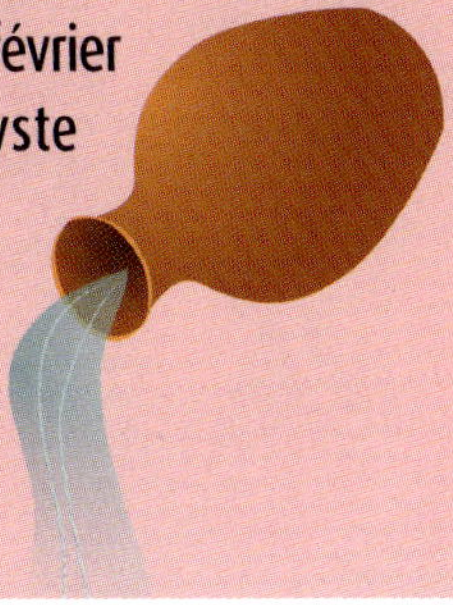

Paloma

Surnom : Palomina
Date de naissance : 31 décembre
Signe astrologique : Capricorne
Date : Du 21 décembre au 19 janvier
Pierre précieuse : Grenat
Fleur : Œillet
Nombre : 5
Couleur : Gris
Jour : Samedi
Élément : Terre

Sabrina

Surnom : Sab
Date de naissance : 20 mars
Signe astrologique : Poissons
Date : Du 19 février au 20 mars
Pierre précieuse : Aigue-marine
Fleur : Jonquille
Nombre : 8
Couleur : Bleu poudre
Jour : Jeudi
Élément : Eau

ASTRO

Pourquoi les gens sont-ils si attirés par les sciences occultes, les voyants, les cartomanciens, les diseurs de bonne aventure ? Si on est bien honnête, c'est toujours séduisant d'entendre parler de soi par quelqu'un qui n'est pas censé nous connaître. Pour ce qui est des prédictions, s'agit-il de vérités absolues ou de mensonges de charlatans ? Peut-on vraiment prédire l'avenir ? Est-ce vraiment rassurant de connaître ce qui nous attend ? Cette tendance à vouloir tout prévoir ne nous empêche-t-elle pas plutôt de vivre à fond notre présent ? Que de questions !

Au-delà de toutes ces interrogations, il reste que l'astrologie (qu'elle soit vue comme une science exacte ou un passe-temps amusant) nous permet de faire des parallèles entre les individus, de regrouper des personnes nées à une même période sous un ensemble de particularités communes, de traits de caractère semblables. L'être humain est fait comme ça : on a besoin de s'associer, de se rassembler... on veut se ressembler pour mieux mettre en lumière nos différences et finalement se rendre compte qu'on est tout à fait unique, quoi qu'en disent les astres !

-POP FORTUNE

L'astrologie, c'est plus que cette conception populaire qu'on a, c'est plus qu'une anti-science dont on se sert pour prédire l'avenir, c'est avant tout un outil pour se connaître. C'est une arme secrète qui te permet de mieux comprendre tes réactions et donc de mieux les anticiper. Tu peux ainsi avoir un meilleur contrôle sur tes émotions, ta façon de voir les choses.

Comment ça fonctionne?

Certaines des caractéristiques que tu partages avec d'autres s'expliquent par la position des planètes au moment de ta naissance. Sceptique? Vois-le différemment. Naturellement, dans la vie, il est facile de remarquer que tu as des affinités avec certaines personnes et plus de difficulté à comprendre les autres. Tu peux aisément admettre que tu as des talents que d'autres n'ont pas et que tu sembles prédestinée à réussir dans tel ou tel domaine, alors que ta sœur ou ta meilleure amie n'y arrive pas du tout. C'est ce qui rend la vie intéressante! C'est merveilleux de constater comment, entre amies ou en famille, les personnalités se complètent ou s'opposent. L'astrologie est donc simplement un domaine d'étude qui tend à mettre des mots sur ces tendances naturelles qui, selon elle, sont dictées par la position des planètes et des étoiles.

Mais qu'est-ce que le zodiaque?

Le terme « **zodiaque** » tire son origine d'une suite de mots grecs qui, en gros, veulent dire « chemin de la vie » ou « roue du destin ». C'est pourquoi on en représente les signes sur une « **roue** », un cercle partagé en 12 parties égales correspondant au cycle des saisons, lui-même géré par la rotation du soleil. Ce sont les 12 signes solaires du zodiaque.

Ainsi, ton signe est déterminé par la position du soleil au moment de ta naissance. Le signe associé à ta date d'anniversaire est donc ton signe solaire ou principal. L'heure précise de ta naissance détermine ensuite quel ascendant s'ajoute à ton signe pour influencer les paramètres qui déterminent ton **caractère**, ta personnalité et ta vision du monde. (Pour en apprendre davantage sur ton ascendant et voir comment celui-ci peut affecter ton signe, va voir à la page 20.)

Les signes solaires sont également regroupés sous les **4 éléments**, facteur qui ajoute une dimension à l'explication des composantes complexes de ton signe. Tu vois, chaque détail entourant les circonstances de ta **naissance** est censé avoir une incidence sur ta façon de voir la vie et l'interaction que tu as avec les autres. Toutes ces influences se retrouvent alors dans chacun de tes charmes et dans chacune de tes petites manies.

JUILLET
AOÛT
SEPTEMBRE
OCTOBRE
NOVEMBRE
DÉCEMBRE
JANVIER
FÉVRIER
MARS
AVRIL
MAI
JUIN

SIGNES D'AIR
Les réfléchies

Gémeaux Mobilité • Communication • Dispersion

Balance Équilibre • Diplomatie • Indécision

Verseau Inventivité • Indépendance • Insoumission

SIGNES DE TERRE
Les concrètes

Taureau Rationalisme • Ténacité • Autorité

Vierge Analyse • Précision • Manie

Capricorne Bon sens • Endurance • Opportunisme

SIGNES DE FEU
Les actives

Bélier Fougue • Combativité • Impatience

Lion Puissance • Force de caractère • Fierté

Sagittaire Enthousiasme • Conquête • Brusquerie

SIGNES D'EAU
Les émotives

Cancer Imagination • Romantisme • Caprice

Scorpion Mystère • Exigence • Rancune

Poissons Compassion • Intuition • Illusion

Cela dit, nous sommes peut-être encadrées par toutes sortes de forces cosmiques qui influencent notre caractère et nos humeurs, mais il reste que notre plus fidèle allié, c'est notre libre arbitre. Tu dois toujours te rappeler que c'est toi qui fais tes choix et que, peu importe ce que te dicte le ciel, c'est ta personnalité et les décisions que tu prends qui font de toi la personne merveilleuse que tu es.

Le bonheur d'être une fille, c'est de pouvoir faire des choix, de pouvoir être soi-même, de pouvoir être libre, d'avoir de précieuses amitiés, de pouvoir rire et pleurer sans être jugée, d'être fidèle à ses valeurs, de prendre sa place… et de vivre, le sourire aux lèvres et le cœur content, malgré tous les petits aléas de la vie, les grands bonheurs et les petits chagrins.

c'est ta personnalité et les

font de toi la personn

Ce guide rigolo et amusant te donne des pistes de réflexion et d'introspection… et de quoi échanger avec tes copines pendant des heures. Au moyen des trucs que tu trouveras ici (et après les avoir mis à l'épreuve avec tes amies), tu auras en main tout ce qu'il faut pour déterminer quelles particularités de ta personnalité s'apparentent à celles des filles du même signe que toi et comment ces mêmes caractéristiques te confirment malgré tout à quel point tu es unique !

lécisions que tu prends qui
merveilleuse que tu es !

Les ascendants

Tu as certainement déjà entendu dire qu'en plus d'un signe, le moment précis de ta naissance t'a attribué un ascendant. Renseigne-toi d'abord pour connaître l'heure de ta naissance. Consulte ensuite le tableau à la page suivante pour savoir quel est ton ascendant et de quelle façon ce dernier peut influencer les caractéristiques de ton signe.

Tableau des ascendants

SIGNE HEURE	BÉLIER	TAUREAU	GÉMEAUX	CANCER	LION	VIER
6 h à 8 h	Taureau	Gémeaux	Cancer	Lion	Vierge	Balar
8 h à 10 h	Gémeaux	Cancer	Lion	Vierge	Balance	Scorp
10 h à 12 h	Cancer	Lion	Vierge	Balance	Scorpion	Sagitt
12 h à 14 h	Lion	Vierge	Balance	Scorpion	Sagittaire	Capric
14 h à 16 h	Vierge	Balance	Scorpion	Sagittaire	Capricorne	Verse
16 h à 18 h	Balance	Scorpion	Sagittaire	Capricorne	Verseau	Poissc
18 h à 20 h	Scorpion	Sagittaire	Capricorne	Verseau	Poissons	Bélie
20 h à 22 h	Sagittaire	Capricorne	Verseau	Poissons	Bélier	Taure
22 h à 24 h	Capricorne	Verseau	Poissons	Bélier	Taureau	Géme
24 h à 2 h	Verseau	Poissons	Bélier	Taureau	Gémeaux	Canc
2 h à 4 h	Poissons	Bélier	Taureau	Gémeaux	Cancer	Lior
4 h à 6 h	Bélier	Taureau	Gémeaux	Cancer	Lion	Vierc

ALANCE	SCORPION	SAGITTAIRE	CAPRICORNE	VERSEAU	POISSONS
orpion	Sagittaire	Capricorne	Verseau	Poissons	Bélier
gittaire	Capricorne	Verseau	Poissons	Bélier	Taureau
ricorne	Verseau	Poissons	Bélier	Taureau	Gémeaux
erseau	Poissons	Bélier	Taureau	Gémeaux	Cancer
oissons	Bélier	Taureau	Gémeaux	Cancer	Lion
Bélier	Taureau	Gémeaux	Cancer	Lion	Vierge
ureau	Gémeaux	Cancer	Lion	Vierge	Balance
meaux	Cancer	Lion	Vierge	Balance	Scorpion
ancer	Lion	Vierge	Balance	Scorpion	Sagittaire
Lion	Vierge	Balance	Scorpion	Sagittaire	Capricorne
Vierge	Balance	Scorpion	Sagittaire	Capricorne	Verseau
alance	Scorpion	Sagittaire	Capricorne	Verseau	Poissons

Les maisons

Dis-moi quelle est ta maison et je te dirai qui tu es

Eh non, ce n'est pas tout ! Parmi toutes ces choses qui influent sur ce que tu es et ce que tu deviendras, il y a non seulement des planètes, des signes et des ascendants, mais il y a aussi des maisons. Les maisons sont au nombre de 12 (comme les signes) et représentent les « secteurs cosmiques » du zodiaque.

Essentiellement, si les planètes sont supposées t'éclairer sur tes forces et tes faiblesses, les signes et les ascendants te guideront davantage sur ta façon de réagir face à diverses situations. Les maisons, quant à elles, représentent plutôt des domaines, des champs d'activité où tu sembles t'épanouir plus facilement. En d'autres mots, les maisons parlent de ton rapport au monde. La maison associée à ton signe te renseigne sur un aspect présent en force dans ton existence.

Les 12 maisons du zodiaque sont en lien avec chacun des 12 signes. Leur signification n'est pas absolue, mais elle donne de bonnes pistes de réflexion, tu vas voir. Détermine à quelle maison ton signe est associé et tu verras dans quelle mesure les domaines décrits correspondent à ton univers.

On pourrait ajouter que les 6 premières maisons sont plus centrées sur l'individu et que les 6 dernières se concentrent sur les relations extérieures.

La maison I • Bélier

Équinoxe du printemps

Maison de la personnalité, aussi appelée maison de l'ascendant

Mots-clés : introspection, dynamisme, vitalité.

Cette maison rappelle l'importance d'une personnalité bien ancrée, de la force de l'ego. Elle va souvent de pair avec une forte conscience de l'apparence physique et du comportement.

Autrement dit : Tu sais qui tu es et ce que tu vaux.

La maison II • Taureau

Maison des possessions

Mots-clés : appétit, possessivité, superficialité.

Cette maison souligne l'effort... récompensé par le gain. On y discerne la plupart du temps un grand intérêt pour les biens matériels.

Autrement dit : Tu magasines peut-être un peu trop ! Surveille ton budget...

La maison III • Gémeaux

Maison de la communication

Mots-clés : ouverture, entregent, apprentissage.

Cette maison est le domaine de la famille, de l'entourage proche, de la proximité entre frères et sœurs. On y associe de grandes qualités de communication et de facilité dans les études. Elle relève également de tout ce qui touche à la technique, à la pratique.

Autrement dit : Presque verbomoteur, tu ne lésines pas sur les mots pour défendre et protéger ceux que tu aimes.

La maison IV • Cancer

Solstice d'été

Maison de l'origine

Mots-clés : émotivité, nostalgie, romantisme.

Cette maison est en lien avec tout ce qui a trait à l'hérédité, aux ancêtres, aux racines. C'est le domaine des questionnements sur le passé pour mieux comprendre l'état actuel. On y décèle une grande importance de la famille et en particulier une forte influence paternelle.

Autrement dit : Tu adores ta famille et tu es fière de tes origines.

La maison V • Lion

Maison des loisirs

Mots-clés : plaisir, créativité, action.

Cette maison est le lieu de toutes les dynamiques de vie. On y associe les plaisirs de l'enfance, les jeux, la chance et l'art. C'est une maison où la priorité est mise sur les choses agréables.

Autrement dit : Chanceuse ! Ha ! ha ! Chose certaine, tu aimes les enfants et eux aussi sont naturellement attirés vers toi.

La maison VI • Vierge

Maison du devoir

Mots-clés : travail, réalisme, santé.

Cette maison est associée aux choses physiques, terre-à-terre. C'est le domaine du travail, du devoir, de la fiabilité au quotidien. On y retrouve une grande préoccupation pour la santé et l'hygiène de vie. C'est également une maison associée au soin des animaux.

Autrement dit : Oui, tu pleures quand le lion meurt dans *Narnia*, mais tu es organisée, vaillante et douée.

La maison VII • Balance

Équinoxe d'automne

Maison des relations, aussi appelée la maison du descendant

Mots-clés : perception, ambivalence, union.

Cette maison est l'opposée de la maison I et s'inscrit donc dans la perception de l'autre plutôt que dans l'introspection. On s'y définit à travers l'autre. C'est une maison où l'association avec autrui est primordiale.

Autrement dit : Tu accordes beaucoup trop d'importance à ce que pensent les autres, surtout ceux que tu aimes et que tu ne veux pas décevoir. Fais-toi confiance !

La maison VIII • Scorpion

Maison de la transition

Mots-clés : pouvoir, évolution, manipulation.

Cette maison est le berceau de la transformation. Elle est très souvent associée à un intérêt marqué pour les sciences occultes. Elle concerne tout ce qui s'acquiert par la ruse et fait souvent état de choses cachées et de mystères.

Autrement dit : Tu es la reine de l'entourloupette et tu le sais. Tâche de t'en servir pour de nobles causes.

La maison IX • Sagittaire

Maison de l'ouverture

Mots-clés : compréhension, confiance, spiritualité.

Cette maison est le repaire des voyageurs. Elle évoque l'ouverture d'esprit, l'attrait de l'étranger, une soif de connaissance. On y associe d'ailleurs un certain goût pour les études supérieures. Elle fait partie du domaine de la conscience et des grands idéaux.

Autrement dit : Si tu as de grands projets, quels qu'ils soient, rien ne peut t'arrêter. Ta seule limite est ton imagination.

La maison X • Capricorne

solstice d'hiver

Maison de la reconnaissance

Mots-clés : ambition, élévation, honneur.

Cette maison est le fondement de la carrière professionnelle. Elle évoque la réussite sociale. Dans cette sphère, on atteint les buts visés en gravissant chaque échelon. C'est une maison vouée à l'aboutissement des projets. On y dénote une forte influence maternelle.

Autrement dit : Tu es une travailleuse acharnée. Et tu obtiendras des résultats. La célébrité est à ta portée (si ta mère est d'accord ! ;-)

La maison XI • Verseau

Maison de l'amitié

Mots-clés : vision, collectivité, positivisme.

Cette maison est la source des élans humanitaires et des objectifs collectifs. On y retrouve l'importance de s'associer pour progresser. Elle est le siège de l'amitié fidèle et durable. Contrairement à la maison V, qui est plus individuelle, ici, le plaisir se vit dans l'interaction avec les autres.

Autrement dit : Tu es bien quand tu es entourée. Avec le soutien nécessaire, tu pourrais faire bouger une montagne.

La maison XII • Poissons

Maison de l'indépendance

Mots-clés : force, solitude, secret.

Cette maison est le siège de la force devant l'épreuve. On l'associe également à l'intégrité devant l'adversité. Elle va généralement de pair avec une certaine tendance à vouloir s'isoler, mais relève d'une grande sagesse intérieure. Le rapport à l'autre y est plus discret.

Autrement dit : Oui, tu as du caractère, oui, tu es forte, mais sors un peu de ta bulle, d'accord ?

Le mot de Leila

BÉLIER

Curieuse de nature, je m'intéresse à tout ce que je ne connais pas. Et l'astrologie n'y échappe pas.

Je trouve fascinant que l'on puisse trouver des traits de caractère communs entre différentes personnes nées à une même période. Cela dit, quand je m'arrête à ce que l'on dit à propos de mon signe, il me semble bien que je ne sois pas la plus Bélier des Béliers, hein ? J'ai sans contredit la détermination, le courage et l'impatience de la Bélier, moins cette fougue et cette agressivité qui semblent la caractériser. C'est peut-être mon ascendant Poissons qui me tempère et qui justifie mes envies de solitude et de rêveries. Ma curiosité est bien servie par ma passion pour les voyages et mon côté créatif est mis à profit par mon talent pour l'écriture. Ainsi, tous ces aspects qui font de nous des personnes uniques et si charmantes (oui, oui !) se retrouvent dans les astres ? Eh bien, ça m'impressionnera toujours !

Leila

xx

Leila

Surnom : Lé
Date de naissance : 14 avril
Signe astrologique : Bélier

Quelque chose qu'il faut savoir à mon sujet :
j'ai voyagé un peu partout dans le monde.

Ce que j'apprécie le plus chez mes amies :
leur patience.

Mes principaux défauts :
je suis têtue et rancunière.

Mes principales qualités :
je suis curieuse et toujours partante.

Mes occupations préférées :
lire, écrire et voyager.

Ce que je voudrais être :
poète, journaliste ou physicienne.

Ce que je déteste par-dessus tout :
les foules compactes.

Mes héros de la vie réelle :
ma grand-mère paternelle et Nadia Ghalem.

Mon héros fictif favori :
Alice aux pays des merveilles.

La musique qui me fait vibrer :
la musique pop et la musique du monde.

Mes films préférés :
les drames et les suspenses.

Ce que j'aime

- Écrire de la poésie
- Lire des poèmes
- La spontanéité
- Les litchis
- Regarder des photos
- Être mise au défi
- Les histoires racontées par ma grand-mère
- L'honnêteté
- Voyager
- Me baigner

Ce que je déteste

- Avoir tort
- Les liqueurs douces
- Attendre
- Magasiner
- La tyrannie
- Les bonbons surs
- Devoir choisir entre deux invitations
- Le caractère de princesse de ma sœur
- Les préjugés
- Les confrontations avec mon père

Comment je vois le monde ?

Généralement optimiste, je suis plutôt mélancolique et surtout très interpellée quand il est question de l'environnement qui m'entoure. Dans ma vie, j'ai eu l'immense chance de voyager un peu partout avec ma famille, et cette connaissance, cette vision du monde m'a fait prendre conscience qu'il y aurait tellement à faire pour améliorer le sort de millions d'êtres humains. Même quand je me concentre sur mon petit nombril, je ne peux m'empêcher de penser à demain. C'est pourquoi, au quotidien, je fais tous les efforts possibles pour demeurer éco-responsable et pour développer une certaine conscience sociale.

Mes aspirations et mes rêves

Ambitieuse et idéaliste, j'ai mille et un projets. Le seul problème, c'est que je change d'idée toutes les cinq minutes. Et pourquoi je ne pourrais pas faire TOUT ce qui me passionne ? Évidemment, pour le moment, mon plus grand rêve est d'être poète. J'aimerais pouvoir exprimer ma sensibilité et ma vision du monde à travers mes écrits. Mais j'aimerais faire plus et couvrir des événements pour rendre l'information accessible à tous... J'aimerais aussi étudier en physique, pousser plus loin mon intérêt pour les sciences. Je pourrais même enseigner, non ?

Où je me vois dans 15 ans ?

- Je serai une poète reconnue.
- Je serai une conférencière invitée à travers le monde.
- J'aurai peut-être des enfants (pour ça, j'hésite encore).
- Je serai aussi professeure de physique à un niveau d'enseignement supérieur.
- Je travaillerai comme journaliste à l'international.

D'accord, je ne pourrai peut-être pas faire tout ça en même temps. Quoique... C'est sûr que le métier de physicienne s'inscrit peut-être moins bien dans la chronologie de mon curriculum, mais... il me semble que je me verrais faire ça. Bon, on respire. Une chose à la fois.

La Bélier

Date : Du 21 mars au 20 avril

Jour : Mardi

Élément : Feu

Forces : Courage et dynamisme

Faiblesses : Égoïsme et impulsivité

Maison : Première

Planète : Mars

Saison : Printemps

Couleur : Rouge

Pierre précieuse : Diamant

Fleur : Pois de senteur

Villes et pays : Saint-Pétersbourg, Berlin, Égypte, Angleterre

Le caractère Bélier : Spontanée, enthousiaste, impatiente, aventureuse et énergique

Devise : Qui ne risque rien n'a rien.

Quelques Béliers connus

Reese Witherspoon, actrice blondinette hollywoodienne

Sarah Jessica Parker, actrice très new-yorkaise

Mariah Carey, chanteuse et diva américaine

Al Gore, ex-vice-président des États-Unis, bien connu pour son film engagé *Une vérité qui dérange*

Heath Ledger, acteur australien, tragiquement décédé trop jeune

Robert Downey Jr, vu dans la peau de Iron Man ou de Sherlock Holmes

Charlie Chaplin, acteur mythique des balbutiements du cinéma

Léonard de Vinci, philanthrope, inventeur, peintre, sculpteur et dessinateur génial

Jacques Brel, grand homme de la chanson française

Marie-Élaine Thibert, chanteuse québécoise issue de la première édition de *Star Académie*

Vincent Van Gogh
30 mars

Céline Dion
30 mars

Signification de chaque ascendant* pour la Bélier

Si tu as un ascendant Bélier

Ambitieuse, forte et sûre de toi, tu passes par-dessus les obstacles sans trop de difficulté. Ta grande assurance et ton esprit d'initiative te poussent parfois à agir sans réfléchir, et tu dois ensuite composer avec les conséquences. Gare aux imprudences !

Si tu as un ascendant Taureau

Tu es fonceuse, travaillante et entreprenante. Quand tu t'embarques dans un projet, tu le mènes toujours à terme, autant par volonté d'accomplissement que par crainte de laisser quelqu'un d'autre s'en mêler. Tu aimes bien que les choses soient faites à ta façon.

Si tu as un ascendant Gémeaux

Tu es débrouillarde, persévérante et amicale. Contrairement à d'autres Béliers, tu as besoin d'être entourée pour bien fonctionner. Tu as un grand talent pour vivre dans le moment présent; ce qui fait de toi quelqu'un de très peu tourmenté, très peu tourné vers le passé.

Si tu as un ascendant Cancer

Ton signe te confère une grande spontanéité, et ton ascendant y ajoute une bonne dose de sensibilité. Ces deux caractéristiques, poussées à l'extrême, te gardent très près de l'enfance. Ta candeur est charmante, mais tu dois apprendre ce qu'est l'indépendance. Ta détermination est toujours un peu freinée par ta peur de te tromper.

Si tu as un ascendant Lion

Tu es franche, directe, impulsive et brave. Bref, tu ne manques pas de mordant. Tu en as même un peu trop, parfois. Fais attention de ne pas écorcher la sensibilité des personnes qui t'entourent. Elles doivent être nombreuses, d'ailleurs. Tu as ce je-ne-sais-quoi qui attire les gens vers toi (et, disons-le, tu apprécies cette attention).

Si tu as un ascendant Vierge

Si tu arrives à tirer parti de tous les avantages combinés que t'offrent ton signe et ton ascendant, bien peu d'obstacles pourront te résister. Audacieuse, mais réfléchie, déterminée et organisée, le monde t'ouvre grandes ses portes. Fais seulement attention de ne pas te laisser arrêter par tes désirs de perfection.

* Consulte le tableau aux pages 20 et 21 pour découvrir ton ascendant.

Si tu as un ascendant Balance

Animée par un ardent besoin d'être aimée et reconnue, tu n'hésiteras jamais à déployer tes charmes (qui, soit dit en passant, peuvent être dévastateurs) pour attirer l'attention, et à faire de nombreux sacrifices pour être acceptée. Tu dois cependant être prudente quand vient le temps de marchander des sentiments. L'amour ne se quémande pas.

Si tu as un ascendant Scorpion

Les mots action, courage, force et puissance, ça te dit quelque chose ? Pour toi, le quotidien est le pire des cauchemars. Tu vis probablement toujours dans l'attente de ta prochaine aventure, du prochain défi à relever. Tu es tellement passionnée que certains pourraient interpréter ta fougue comme de l'agressivité. Une chose à la fois, chère enflammée.

Si tu as un ascendant Sagittaire

L'ascendant Sagittaire contribue à accentuer chacune des facettes de ton caractère. Tu es la plus aventurière, la plus impulsive et la plus généreuse des Béliers. Tu vis chaque seconde avec intensité et tu as une forte tendance à exiger ça des autres... ce qui t'amène à vivre quelques déceptions. Ton plus grand défi ? Accepter que tous ne peuvent pas aller à la même vitesse que toi et, malgré ça, continuer à croire en toi et en la vie.

Si tu as un ascendant Capricorne

Voilà une combinaison de signe et d'ascendant pleine de paradoxes. Tu as envie de commencer dix projets en même temps, mais ton côté posé t'astreint à gérer les priorités. Tu luttes constamment entre ton impulsivité et ton esprit conservateur. La concentration que te demande cette dualité te rend un peu (beaucoup) impatiente et intransigeante avec les autres. Ton point faible ? Les compromis.

Si tu as un ascendant Verseau

Alors que ton esprit déterminé et inventif te donne des ailes à l'école (et, plus tard, au travail), il te donne du fil à retordre au point de vue social. Tu es si déterminée à atteindre tes buts et à faire bouger les choses pour y parvenir que tu ne supportes rien d'établi, de convenu ou de contradictoire. Avec de telles hantises, difficile d'évoluer en société...

Si tu as un ascendant Poissons

Malgré ton caractère fort et dominant, tu es une grande sensible dotée d'un délicieux sens de l'humour. Ta compagnie est souvent très appréciée. Quand tu es seule, par contre, ton assurance s'effrite un peu et laisse place à la crainte de manquer une occasion, de passer à côté de l'essentiel.

Dans la tête d'une Bélier

« Si tu n'es pas content, bien regarde ailleurs.
Je fais comme je veux,
j'ai dit. »

Les signes avec lesquels j'ai le PLUS d'atomes crochus

Clothilde

Lion, pourquoi ?

- Nous sommes faites pour nous entendre
- À deux, nous en déplaçons, de l'air !
- Nous nous ressemblons assez pour nous aimer et on est assez différentes pour ne pas nous ennuyer

Virginia

Vierge, pourquoi ?

- Nous sommes très loyales l'une envers l'autre
- Nous partageons beaucoup d'intérêts
- Nous avons toujours des fous rires

Paloma

Capricorne, pourquoi ?

- Nous avons toutes les deux « des petites cornes » (nous sommes tannantes et nous trouvons ça drôle)
- Nous nous complétons bien
- L'une prendra toujours la défense de l'autre

Les signes avec lesquels j'ai le MOINS d'atomes crochus

Brigit

Taureau, pourquoi ?

- Nous avons trop des caractères forts pour ne pas nous marcher sur les pieds
- Un Bélier contre un Taureau... Comment éviter les confrontations, hein ?
- La compétition ronge tous les efforts que nous déployons pour être de bonnes copines

Margrit

Balance, pourquoi ?

- Nous n'avons pas grand-chose à nous dire, on dirait
- La Balance est trop hésitante pour moi qui suis si fonceuse
- Nous ne rions pas des mêmes blagues

Sabrina

Poissons, pourquoi ?

- Nous pouvons bien nous entendre, tant que nous ne nous voyons pas trop souvent
- La Poissons est trop rêveuse à mon goût, moi qui suis si terre-à-terre
- La Poissons est trop conciliante. J'aime ça, m'obstiner, moi !

La Bélier aime les extrêmes et ce penchant se retrouve dans les différentes facettes de sa personnalité. Directe, entière et intense, elle est capable d'être critique envers elle-même. Bien qu'elle ait confiance en elle, elle est consciente de ses travers. Alors, même si, de l'extérieur, elle semble au-dessus de ses affaires, imbue d'elle-même, mauvaise perdante et tout simplement inébranlable... eh bien, c'est un peu vrai ! Ha ! ha ! Mais non ! Sous ses allures irrévérencieuses, la Bélier est sensible et surtout intègre.

Être Bélier au jour le jour

La Bélier en famille

A-t-on besoin de dire que la jeune Bélier déborde d'énergie ? Déjà rongée par l'ambition et le besoin de se dépasser, la Bélier prend énormément de place, parfois au détriment de ses frères et sœurs. Attention, chère Bélier, tu n'as pas toujours raison. Prends-en bonne note : la maison, c'est la meilleure école pour apprendre à faire des compromis.

Sous ses élans de fougue, cette force de la nature a tout de même un profond respect pour ses racines. Son noyau familial est super important pour elle, car il représente la stabilité vers laquelle elle peut toujours revenir. Dotée d'un caractère fort, elle a parfois de la difficulté à composer avec l'autorité parentale, surtout paternelle. D'ailleurs, si cette autorité est trop répressive, la jeune Bélier peut, contre toute attente, se refermer sur elle-même et développer une grande crainte à aller de l'avant... ce qui pourrait la mener vers une grande rébellion à l'âge adulte.

La Bélier en amitié

Ses forces ? Sa bonne humeur et son esprit rassembleur. Ses faiblesses ? Sa propension à la rancune et son besoin d'avoir toujours raison.

Généreuse, franche et directe, la Bélier est très appréciée de ses amies. Son enthousiasme est contagieux, son dynamisme, entraînant. Les frictions qui peuvent survenir entre elle et ses copines sont souvent dues au fait que la Bélier accepte mal que les autres ne soient pas sur la même longueur d'onde qu'elle.

Elle sait être à l'écoute de ses copines, mais, comme elle reçoit plutôt mal la critique, elle écoute rarement les conseils que lui prodiguent ses amies (ce qui peut en froisser plus d'une).

Candide et enjouée (voire enfantine), elle aime vivre dans l'action. Les longues conversations au téléphone à analyser et à passer en revue les moindres détails du dernier rendez-vous amoureux de sa meilleure amie ? Très peu pour elle. On se fait une partie de volley, à la place ?

La Bélier en amour

Passionnée en amour comme dans tout, la Bélier vit ses relations en montagnes russes. C'est toujours tout ou rien. Elle peut être ultra-amoureuse une journée et complètement ennuyée le lendemain. Ce n'est pas qu'elle n'ait pas besoin d'affection, de tendresse ou de stabilité, mais elle croit que tout ça est un peu fastidieux.

Pour elle, c'est la première impression qui compte. Elle est charmée ou elle ne l'est pas. Elle donne rarement une deuxième chance à celui qui n'a pas retenu son attention au premier coup d'œil. Mais ses intérêts sont nombreux.

Elle peut être attirée autant par un grand ténébreux que par un original déjanté ou un intello indépendant. L'important, c'est que ça clique.

Dans un cas comme dans l'autre, elle va toujours droit au but. Ayant en horreur la manipulation et les entourloupettes, elle peut se vanter de toujours donner l'heure juste à ceux qui la courtisent. Ils ne sauront peut-être pas gagner son cœur, mais ils sauront au moins à quoi s'attendre !

La Bélier à l'école

L'esprit compétitif de la Bélier peut lui être très utile à l'école, dans la mesure où elle voudra toujours performer. Ce qui la stimule, c'est le défi, son ardent besoin d'arriver bonne première. Dans certains cas, par contre, ce besoin se manifeste particulièrement (et exclusivement) dans les sports. Ses résultats académiques pourraient alors en pâtir. Chez ces représentantes du signe, cet intérêt exclusif pour l'activité physique est souvent associé à un comportement irresponsable et irréfléchi, dans plusieurs sphères de leur vie. Vives et intenses, ces Béliers sont hyper attachantes, mais pas très fiables.

Sa grande impatience pourra, entre autres, lui nuire dans les matières qui exigent une étude assidue. Elle veut des résultats ici, maintenant, tout de suite.

Boule de cristal, quelques prédictions...

Lis ce qui suit pour découvrir ce que le ciel te réserve... mais rappelle-toi toujours que les vraies prédictions, c'est ton cœur qui te les dicte et tu as toujours le choix d'influencer le cours de ton destin !

En amour

Mots-clés : passion, défi, conquête. Digne représentante de ce premier signe du printemps, l'amoureuse Bélier aura toujours besoin de renouveau. Intense et fougueuse, elle ne se contentera jamais de peu. Si la jeune Bélier risque d'être un peu frivole, elle n'en demeurera pas moins une amoureuse attentionnée et pleine de créativité !

Amours d'ado : Passionnée et entière, la jeune Bélier rêve de l'amour avec un grand A. Tellement que, dans les scénarios qu'elle s'imagine, elle vise presque les romans de princesses et de chevaliers. La réalité est moins enchanteresse. Comme elle ne peut se contenter de banalités, ses relations resteront souvent au stade de l'amitié.

Jeune adulte : Plus le garçon qu'elle convoite est inaccessible, plus la Bélier s'enflamme. Elle carbure aux défis. Si elle va au bout de sa conquête et que le jeune homme s'avère moins intéressant qu'elle l'imaginait, elle changera vite de cible. Au suivant !

Vie de famille : Comme la famille est placée très haut sur son échelle de valeurs, une fois en couple (surtout si elle a des enfants), la Bélier fera tout pour préserver son équilibre amoureux. Si l'homme de sa vie ne lui offre pas le constant renouveau qu'elle recherche, elle ne sera ni infidèle ni déloyale, mais cherchera à s'émanciper ailleurs, car elle ne pourra tolérer la routine.

Copains de choix :
Côté cœur, quels sont les signes avec lesquels j'ai le plus d'affinités :

- **Lion :** fougueux et complice
- **Sagittaire :** compréhensif et présent
- **Verseau :** amusant et libre

En Vacances

La Bélier sera toujours animée du désir de voyager et de découvrir, tant que ses projets de vacances n'entravent pas les buts qu'elle s'est fixés dans sa vie de famille ou dans sa vie professionnelle. Oui, il y a bien certaines Béliers qui ne pensent qu'à s'amuser, mais quand la réalité les rattrapera, elles voudront se concentrer sur ce qui peut faire progresser leur carrière ou contribuer à leur bien-être au jour le jour. Quoi qu'il en soit, les voyages où elle est censée faire la carpette sur la plage pendant des heures, ce n'est pas trop son genre. Elle doit découvrir, rencontrer des gens, apprendre comment ces derniers vivent, s'intégrer à la culture où elle n'est qu'invitée. Elle ne laissera pas la barrière linguistique entraver son plaisir de découvrir et d'apprendre. Elle mimera, s'il le faut, mais elle trouvera le tour de se rapprocher des gens et de s'amuser avec eux.

Finalement, question vacances, elle n'a généralement pas le tempérament pour aller deux fois à la même place. Plus elle découvre de coins du globe, plus elle est heureuse.

Partenaires hors pair

Côté tourisme, quels sont les signes avec lesquels j'aurai le plus de plaisir à voyager ?

- La **Lion** pour son dynamisme et son courage
- La **Capricorne** pour son esprit pratique et responsable (ce qui a l'avantage de pouvoir la sortir du pétrin quand elle est trop téméraire)

En amitié

En amitié, la Bélier sera toujours loyale. Mais, par tempérament, elle restera toujours très têtue et assez égoïste. Ça lui prendra des amies compréhensives... et patientes. D'ailleurs, elle aura toujours quelques amies plus proches et beaucoup de connaissances.

Au fil de sa vie, on la verra avec des « amies du moment » avec qui elle aura des relations intenses, mais souvent éphémères, qui s'éteindront peu à peu quand la Bélier n'en retirera pas ce qui lui convient. Elle sera assez exigeante en amitié, mais elle le rendra bien.

Ultra-généreuse pour son noyau tissé serré, elle veillera toujours au bien-être des siens. Cela dit, ce ne sera jamais à son détriment. Le sentiment de conservation est très fort chez la Bélier et, si elle veut être aimable avec son entourage, il faut d'abord qu'elle soit bien. Ce genre de comportement n'est pas accepté par les plus susceptibles, mais ses vraies amies sauront voir au-delà de ses sautes d'humeur. Et on pourra sans doute les voir ensemble prendre le thé et tricoter des bas pour leurs petits-enfants !

En famille

La Bélier, créature active et énergique, saura mener cinquante projets de front. L'idée d'avoir une famille ne devrait donc pas lui faire peur, parce qu'elle sera toujours capable d'en prendre. Cela dit, la candide jeune femme est si entière qu'elle pourrait craindre de ne pas avoir ce qu'il faut pour se lancer dans une telle entreprise.

À un tout autre niveau, elle pourrait aussi redouter que son rôle de parent anéantisse les efforts qu'elle a mis à bâtir sa carrière, par exemple. Pourtant, la Bélier aura tous les atouts pour être un parent modèle, si c'est ce qu'elle souhaite : un côté enfantin et énergique qui lui permettra de s'amuser avec ses enfants sans s'ennuyer, un côté dynamique qui lui donnera la force de faire dix tâches à la fois et un côté juste assez colérique pour imposer une certaine discipline et surtout pour inculquer le respect à ses rejetons.

La Bélier sera sans doute la maman la plus dévouée et protectrice du zodiaque. D'ailleurs, même si c'est pour le bien de ses enfants, elle devra faire attention de ne pas exagérer sur les réprimandes ! Un peu de patience, chère impulsive. En somme, comme femme et comme mère, la Bélier aura toujours cette générosité et cette vitalité qui feront oublier ses petits excès d'emportement.

Au boulot

Objective et cérébrale à ses heures, la Bélier sera très travaillante et très assidue si ce qu'elle fait la passionne. De plus, elle sera souvent la mieux placée pour donner « un dernier sprint » à un projet de dernière minute. Sa grande détermination ne s'affadira pas avec le temps. Elle pourra très bien se donner à 100 % dans un emploi qui, peu de temps après, ne la satisfera pas. Qu'à cela ne tienne ! Pour elle, il ne sera jamais trop tard pour retourner sur les bancs d'école. Sa nouvelle passion sera sa motivation. Allez, action !

Si elle fait son chemin dans les arts

Dotée d'un fort esprit créateur, la Bélier pourra faire sa marque dans de nombreux domaines : tous les arts visuels, le chant, l'art culinaire...

Si elle privilégie les affaires

Ses domaines de prédilection : la finance et l'immobilier. Elle aura assez de front pour imposer sa vision des choses, assez de cran pour faire respecter ses positions et assez de détermination pour faire rapidement fructifier ses affaires. On peut facilement l'imaginer occuper un poste de direction.

Si elle devient une professionnelle

Sa passion en ferait une bonne médecin, alors que sa verve (pour ne pas dire son agressivité) ferait d'elle une bonne avocate.

Si elle choisit un métier technique

La Bélier a un talent inné pour tout ce qui touche la construction et la rénovation. Elle est efficace et expéditive, deux qualités prisées dans ce milieu. Elle ferait également une excellente détective.

Quel sera son style

Comme elle est toujours en train de faire au moins trois choses en même temps, la Bélier n'a pas de temps à perdre. Et sa garde-robe sera garnie en conséquence. Au point de vue de l'habillement, elle a besoin que ce soit efficace. Elle est tout le temps à la course, alors elle ne prend pas trop de temps à se préparer. Pourtant, elle a l'œil pour agencer toujours les bons morceaux. Où qu'elle aille, elle sera habillée confortablement, convenablement, et elle aura toujours l'air cool.

La Bélier n'aura jamais peur d'expérimenter de nouveaux looks. Elle reviendra toujours vers ses classiques. On la verra souvent habillée sobrement, mais dans une tenue agrémentée d'une touche de couleur vive ou d'une broche excentrique. Adepte de la simplicité, elle ne tombera jamais dans l'exagération.

Les qualités de mes défauts ;o)

1. Enthousiaste	⟷	1. Énervée
2. Intelligente	⟷	2. Je-sais-tout
3. Confiante	⟷	3. Orgueilleuse
4. Courageuse	⟷	4. Écervelée
5. Entreprenante	⟷	5. Imposante
6. Efficace	⟷	6. Impatiente
7. Volontaire	⟷	7. Arrogante

Questionnaire
Es-tu une vraie Bélier ?

1. Après un repas en famille, vous devez partager ce qui reste du gâteau de la veille. Tu...

a) Tu demandes à ton frère de t'en couper une minuscule part. Tu veux y goûter, mais tu ne veux pas être obligée de courir 3 km pour brûler toutes ces calories !

b) Tu vas couper les parts toi-même, mais tu t'organises pour garder la part avec le plus de glaçage pour toi.

c) Tu offres la part qui te revient à ta grande sœur; c'est son gâteau préféré !

2. Tu as promis à Marianne que tu irais à son souper d'anniversaire, mais, entre-temps, Jacob t'invite à aller au cinéma le même soir. Tu...

a) Tu vas avec Jacob, c'est clair. Depuis le temps que tu as un œil dessus !

b) Tu te tortures pendant des heures à essayer de trouver un mensonge pieux pour te libérer de ton engagement avec Marianne. Tu as tellement envie d'aller avec Jacob ! Mais tu ne veux pas décevoir Marianne... Ah, c'est compliqué !

c) Tu expliques gentiment à Jacob que tu avais déjà un engagement, mais tu lui proposes un autre rendez-vous.

3. Tu as trois travaux à remettre d'ici la fin de la semaine. Tu...

a) Tu appelles Catherine et tu essaies de la convaincre de faire un échange de bons procédés afin de réduire le travail de moitié.

b) Tu te rappelles chaque jour que tu devrais t'y mettre, mais tu attends le moment optimal. En fin de compte, tu t'arraches les cheveux pour arriver à tout faire la veille de la remise.

c) Quels travaux ? Tu les as finis la fin de semaine dernière.

4. Au cours de gym, tu...

a) Tu restes dans un coin pour placoter. Tu ne veux pas abîmer ton nouveau manucure avec le ballon.

b) Tu te donnes à 100 %. C'est ton cours préféré.

c) Tu fais de ton mieux, mais tu manques trois passes sur quatre.

5. Un tournoi d'improvisation est organisé à l'école. Tu...

a) Tu assistes à tous les matches. L'arbitre est tellement mignon !

b) Tu t'inscris, tu participes et tu te dépasses. Tu es douée et drôle, en plus.

c) Tu ne peux pas participer. Tu fais du bénévolat après les cours.

SI TU AS UNE MAJORITÉ DE A...

Petite princesse, tu n'es pas une Bélier.

SI TU AS UNE MAJORITÉ DE B...

Ne serais-tu pas influencée par Mars, par hasard ? Oui, tu veux être partout en même temps, et oui, tu es sans doute une Bélier.

SI TU AS UNE MAJORITÉ DE C...

Timide ? Certainement. À ton affaire ? Évidemment. Trop sérieuse ? Peut-être. Bélier ? Non, sûrement pas.

Le mot de Brigit

TAUREAU

Ah ! Le zodiaque, j'adore ! Je lis mon horoscope tous les jours. Je lis même celui de mes amies (et celui de mon coup de foudre du moment ! Hi ! hi !).

Comme ça, je sais à quoi m'attendre pour la journée qui vient. Mon amie Yin pense que c'est un peu n'importe quoi, mais, moi, je me dis que si autant de gens écrivent sur le sujet, c'est qu'il doit bien y avoir un peu de vrai là-dedans. D'ailleurs, je n'ai qu'à jeter un coup d'œil sur les grands traits qui sont censés me caractériser… et je suis conquise ! On ne m'appelle pas Diva pour rien. Je sais ce que je veux et ce que je vaux. Et je suis peut-être exubérante et orgueilleuse, mais la diva n'a pas que des défauts. Elle a aussi des talents. Je suis chaleureuse, vive et dynamique. Surtout, rien ne m'arrête ! Toi, es-tu une Taureau tête en l'air ou une Taureau terre-à-terre ? Quoi qu'il en soit, tu es sans doute charmante et attachante, comme moi !

Brigit

xx

Brigit

Surnom : Diva
Date de naissance : 4 mai
Signe astrologique : Taureau

Quelque chose qu'il faut savoir à mon sujet :
je cuisine plutôt bien.

Ce que j'apprécie le plus chez mes amies :
leur sens de l'humour.

Mes principaux défauts :
je suis exigeante, manipulatrice et têtue.

Mes principales qualités :
je suis généreuse, attentionnée et diplomate.

Mes occupations préférées :
chanter et magasiner.

Ce que je voudrais être :
chanteuse d'opéra.

Ce que je déteste par-dessus tout :
la saleté.

Mes héros de la vie réelle :
Cécilia Bartoli.

Mon héros fictif favori :
Ariel, la petite sirène.

La musique qui me fait vibrer :
la musique pop et l'opéra féminin.

Mes films préférés :
les comédies romantiques.

Ce que j'aime

- Chanter
- Les gens disponibles
- Me maquiller
- Faire les boutiques
- Le tiramisu
- Le confort
- Lire des revues
- La couleur rose
- Parler au téléphone
- Les garçons charmants (mais surtout charmés)

Ce que je déteste

- Me faire traiter de princesse (même si je sais que c'est un peu vrai)
- Le camping
- Me faire pousser dans le dos
- Le brocoli
- L'incompétence
- La solitude
- Les maths
- Faire le ménage
- Les conflits
- Les garçons envahissants ou insistants

Comment je vois le monde ?

À mes yeux, la seule façon de conserver un certain équilibre d'esprit, c'est de se concentrer sur son propre environnement. À quoi ça sert de s'en faire avec ce qu'on ne peut pas changer? Ce qui me préoccupe, c'est MON monde, ce qui se passe autour de moi et ce que je peux faire pour améliorer MON sort. C'est peut-être égoïste, mais c'est réaliste. J'ai les deux pieds bien ancrés sur terre. Je n'ai rien d'une idéaliste. Ma contribution, je la fais tous les jours, pour moi et les miens. Et je m'assume !

Mes aspirations et mes rêves

Je veux et j'exige… tout, tout de suite, et rien de moins. J'ai de grands rêves et j'y crois. Et, pour obtenir ce que l'on veut, il faut viser haut. Ainsi, je sais que je rencontrerai un homme charmant, beau, grand et séduisant. Je vivrai dans l'abondance. J'aurai de beaux enfants. Je poursuivrai une carrière internationale. Bref, je serai vraiment, démesurément, incommensurablement heureuse.

Où je me vois dans 15 ans?

- Je serai chanteuse d'opéra reconnue mondialement.
- J'habiterai dans une grande maison près de la mer.
- Je serai mère de deux beaux enfants (un garçon et une fille).
- Je serai mariée à un médecin.

Je sais que j'ai l'air superficielle, mais, oui, j'ai des rêves de princesse. Pourquoi les contes de fées n'existeraient-ils pas?

La taureau

Date : Du 21 avril au 20 mai

Jour : Vendredi

Élément : Terre

Forces : Chaleur et détermination

Faiblesses : Jalousie et avidité

Maison : Deuxième

Planète : Vénus

Saison : Printemps

Couleur : Vert

Pierre précieuse : Émeraude

Fleur : Muguet

Villes et pays : Ixtapa, Lausanne, Italie, Grèce

Le caractère Taureau : Patiente, aimable, possessive, rancunière et volontaire

Devise : Demandez et vous recevrez.

Quelques Taureaux connus

Charlotte Brontë, écrivaine anglaise du XIXe siècle

Fred Astaire, danseur légendaire et charmeur

Jason Biggs, acteur américain reconnu pour se mettre les pieds dans les plats

Janet Jackson, chanteuse pop (presque aussi célèbre que son défunt frère)

Cate Blanchett, actrice britannique de grand talent

Bono, chanteur du groupe U2 et humaniste reconnu

Elizabeth II, reine (doit-on ajouter quelque chose ?)

Shakespeare, dramaturge inspiré (et inspirant)

George Clooney, acteur américain engagé

Penelope Cruz, actrice espagnole et femme d'affaires à la mode

Cher
20 mai

David Beckham
2 mai

Signification de chaque ascendant* pour la Taureau

Si tu as un ascendant Bélier

Tu es perspicace, persévérante, mais aussi profondément impatiente. Tu sais bien t'organiser pour atteindre tes buts, mais tu veux tout, ici, maintenant, surtout au point de vue matériel. Tu as des opinions très tranchées et tu n'as pas peur de les défendre.

Si tu as un ascendant Taureau

Oh là là ! Superficielle, toi ? Bien voyons ! Tu peux même devenir méfiante tellement tu es attachée à tes possessions. Malheureusement, ton ascendant Taureau semble envenimer tes petits travers. La rancune et l'entêtement teintent ton caractère généreux. Parallèlement, la bonne nouvelle, c'est que ton entourage est choyé : tu chéris avec avidité toutes les relations que tu possèdes.

Si tu as un ascendant Gémeaux

Tu es curieuse, mais un peu paresseuse; courageuse, mais vulnérable; aimable, mais détachée; éclatée, mais sage... Bref, tu construis tes journées sur des envies contradictoires. Essaie de ne pas trop réfléchir et de t'amuser un peu !

Si tu as un ascendant Cancer

Toi, tu es la plus facile à contenter de toutes les Taureau. Tes plaisirs ne sont pas compliqués et tu ressens un bonheur fou à passer du temps en famille. Tu es bien à la maison, dans tes affaires. Gourmande et joyeuse, tu es toujours d'agréable compagnie.

Si tu as un ascendant Lion

S'il existe une combinaison qui promet fougue et force de caractère, c'est bien celle-là ! La Taureau-Lion aime profondément ce qui est beau... au point de friser la superficialité. Tu aimes le luxe et le confort. Tu adores te faire gâter... et être admirée.

Si tu as un ascendant Vierge

La phrase « Je veux et j'exige » ne t'est sûrement pas étrangère. Et tu lui ajoutes souvent les mots « Tout de suite, j'ai dit ! ». Tu ne t'investis dans quelque chose que si tu peux rapidement voir des résultats concrets. Tu es très attachée à tes acquis et tu te battras, toutes griffes sorties, pour les conserver.

* Consulte le tableau aux pages 20 et 21 pour découvrir ton ascendant.

Si tu as un ascendant Balance

Ton charme et ton aisance dissimulent certainement quelques angoisses. Tu supportes mal l'inaction et tu es animée de beaucoup de désirs contradictoires. De ton signe comme de ton ascendant, tu hérites d'une passion pour la beauté et le luxe, mais ton ascendant a l'avantage de te les faire apprécier autrement que dans les biens strictement matériels.

Si tu as un ascendant Scorpion

Si la Taureau-Taureau est rancunière, la Taureau-Scorpion ne donne pas sa place ! Toi, en plus, si tu es contrariée, tu as le don de piquer en retour, et précisément là où ça fait mal. Cela dit, cette hostilité dissimule une personnalité sensible qui trouve son bonheur dans la simplicité du quotidien.

Si tu as un ascendant Sagittaire

Oui, on peut te trouver un peu égoïste. En vérité, ce serait plutôt de l'opportunisme. Tu es portée par un désir de bien faire, de te réaliser à travers les efforts que tu déploies. Au-delà de ta grande détermination, tu es avant tout une grande curieuse, enthousiaste et engageante, dont la présence est sûrement très recherchée.

Si tu as un ascendant Capricorne

Avec un signe et un ascendant associés à l'élément Terre, est-il nécessaire d'ajouter que tu es terre-à-terre ? Réaliste, lucide et confiante, tu fonces vers tes buts et tu gardes la tête froide. Pour te sentir en sécurité, tu dois pouvoir compter sur un capital monétaire suffisant. La pensée magique ? Connais pas.

Si tu as un ascendant Verseau

Toi, tu incarnes un bien drôle de paradoxe. Ton côté Taureau devrait pousser ta confiance aux limites de l'arrogance, mais il n'en est rien. Ton estime de toi est d'ailleurs plutôt fragile. Ton côté Verseau t'apporte un constant besoin d'être rassurée. Le Taureau veut t'enraciner, alors que le Verseau te donne des envies de liberté. Tu trouveras en toi tes véritables convictions.

Si tu as un ascendant Poissons

Simple, sensible et attentionnée, tu ne possèdes pas l'assurance généralement associée aux Taureaux. De crainte de blesser l'autre, tu as beaucoup de difficulté à dire non, même si tu sais respecter tes valeurs et tes besoins. Tu as la chance de ne pas trop avoir à courir après la sécurité matérielle; elle semble généralement te parvenir comme par magie.

Dans la tête d'une Taureau

« Si je lui fais un sourire dévastateur et que j'emploie les bons mots, ma mère ne pourra tout simplement pas résister. C'est sûr qu'elle va dire oui. C'est dans la poche ! »

Les signes avec lesquels j'ai le PLUS d'atomes crochus

Yolanda

Cancer, pourquoi ?

- Nous avons assez de points en commun pour bien nous entendre
- Nous sommes assez différentes pour ne pas nous taper sur les nerfs
- Nous avons la même conception de l'amitié et de ce que ça implique

Virginia

Vierge, pourquoi ?

- Nous nous complétons bien
- Nous nous admirons mutuellement
- Nous nous faisons aveuglément confiance

Keera

Scorpion, pourquoi ?

- Nous semblons nées pour être de bonnes amies
- Nous aimons les mêmes sorties
- Nous ne sommes pas compliquées

Les signes avec lesquels j'ai le MOINS d'atomes crochus

Brigit

Bélier, pourquoi ?

- Nous sommes trop orgueilleuses
- Nous passons notre temps à s'obstiner
- Nous ne pensons pas pareil

Margrit

Lion, pourquoi ?

- La Lion parle trop à mon goût
- Nous nous analysons tellement mutuellement que nous nous donnons des complexes
- Nous n'avons tout simplement pas la même vision des choses

Sabrina

Poissons, pourquoi ?

- Nous ne nous comprenons pas
- Évidemment, la Poissons est dans les nuages pendant que j'ai les pieds bien ancrés sur terre
- Je m'impatiente devant les mirages que la Poissons s'invente

Comme tout le monde, la Taureau a des bons et des mauvais côtés. Seulement, elle a un grand pouvoir de persuasion qui peut amener les autres à ne voir que ses points forts ! Ha ! ha ! En fait, la Taureau, plus que quiconque, a les qualités de ses défauts*. Ses travers sont ni plus ni moins ses forces, mais poussées à l'extrême. Entière et passionnée, elle doit parfois apprendre à adoucir son tempérament pour que ressurgisse son charme irrésistible.

Être Taureau au jour le jour

La Taureau en famille

Comme dans toutes les sphères de sa vie, la Taureau sait user de ses atouts pour faire tourner le vent en sa faveur. Virtuose des relations humaines, elle sait manipuler même ses parents pour toujours avoir ce qu'elle veut quand elle le veut (ou presque). Enfant unique, la Taureau a de fortes chances de vite se transformer en diva exigeante. Si elle est confrontée, au quotidien, à des frères et des sœurs avec lesquels elle doit faire des compromis, cette propension est sans doute amoindrie. Tout de même, comme elle protège jalousement tout ce qu'elle possède, quelques frictions sont à prévoir quand vient le temps de partager.

Au-delà de tout ça, la Taureau est animée d'un immense respect et d'un profond attachement à sa famille immédiate, à son noyau. Tellement qu'on peut parfois lui reprocher un certain manque d'indépendance et d'autonomie. Bien qu'elle adore l'attention et la « position sociale » que lui procurent ses sorties mondaines, c'est véritablement à la maison qu'elle est bien, qu'elle trouve son équilibre.

* Voir page 75.

La Taureau en amitié

La Taureau est une amie généreuse (plus de son temps que de son argent !) et fidèle, capable de grands élans d'affection. Sa bonne nature, sa constance et sa douceur font d'elle une personne très à l'écoute et très patiente quand vient le temps de consoler ou conseiller ses copines. Amoureuse de tous les plaisirs de la vie, elle est de bonne compagnie. Elle aime bien manger (en étant bien entourée), elle aime rire et faire rire, et elle adore discuter. Sa détermination et sa force de caractère la fixent parfois dans ses positions… Elle ne se laisse pas mener par le bout du nez. Cependant, quand elle donne sa confiance à quelqu'un, elle peut se laisser guider les yeux fermés.

À tous points de vue, la Taureau est une amie extraordinaire… tant qu'elle ne voit pas rouge. En effet, bien qu'elle déteste les conflits et les confrontations, si elle est poussée à bout, sa colère peut être assez féroce.

La Taureau entretient généralement peu de vraies amitiés. Elle cultive par contre un réseau bien étendu de connaissances qui, séduites par ses charmes, n'hésiteront pas à lui donner tout ce qu'elle veut.

La Taureau en amour

Entière et déterminée, la Taureau ne s'engage pas à la légère. Gourmande dans la vie comme en amour, elle exige énormément de son amoureux, mais elle donne aussi beaucoup en retour. Son intensité fait d'elle une amoureuse un peu possessive, prédisposée à la jalousie. Avide de ses biens tant matériels qu'émotionnels, la Taureau défend toujours férocement ses relations.

On la voit très passionnée en amour, mais, au fond, c'est son besoin de stabilité et de sécurité qui alimente la fougue avec laquelle elle conduit ses relations. Une chose est certaine, c'est probablement elle qui tient les rênes de son couple.

Malgré ses airs fonceurs, la Taureau a pourtant constamment besoin d'être rassurée. Cela dit, quand elle se sent en confiance, elle peut être extrêmement fidèle et attentionnée. Oui, l'amour peut faire ressortir le meilleur de la Taureau, ce qui ne manquera pas d'impressionner son chéri.

La Taureau à l'école

L'amie de tous, la reine de la vie sociale, la futée qui obtient tout ce qu'elle veut... Son intelligence émotionnelle étant plus vive que son intelligence académique, la Taureau brille à l'école... dans ses réseaux sociaux. Même ses professeurs ont probablement été conquis par son charme et sa bonne humeur.

Son tempérament fait d'elle une bonne élève, relativement disciplinée, mais, généralement, on ne la verra pas première de classe. Elle excelle dans tous les domaines humains, alors qu'elle lutte davantage avec les notions plus abstraites ou cartésiennes. Son besoin de plaire peut lui faire subir la pression des autres à quelques moments, la menant à faire quelques incartades, mais jamais rien de bien grave. Elle a toujours suffisamment de jugement (et d'instinct de conservation) pour protéger ses arrières.

Boule de cristal, quelques prédictions...

Lis ce qui suit pour découvrir ce que le ciel te réserve... mais rappelle-toi toujours que les vraies prédictions, c'est ton cœur qui te les dicte et tu as toujours le choix d'influencer le cours de ton destin !

En amour

La Taureau séduira toujours sans effort... son charme est attrayant, sa dévotion est conquérante. La Taureau, comme signe de printemps, sera pleine de vie et saura se réinventer. La Taureau, comme signe de terre, sera aride si elle n'est pas traitée aux petits soins.

Amours d'ado : La jeune Taureau sera toujours en pleine conquête. Elle veut charmer, séduire et se faire des alliés. Romantique et entière, si elle se laisse prendre au jeu, puis qu'elle se fait larguer, on la verra anéantie. Elle pourrait mettre des années à s'en relever. Si elle reste sur ses positions et ne s'en tient qu'au flirt, elle en fera courir plus d'un !

Jeune adulte : En cette période de découverte d'elle-même, la Taureau tentera de miser sur ses acquis et de rentabiliser ses investissements (de temps et d'énergie). Sa motivation en amour ? Il faut que ça rapporte ! Elle pourrait bien incarner le stéréotype de la jeune femme qui espère tomber sur un homme riche pour ne plus se soucier de sa sécurité financière.

Vie de famille : Orgueilleuse et fière de ses possessions comme de ses relations, la femme Taureau peut percevoir son chéri comme le prolongement d'elle-même. Elle va défendre son noyau familial contre vents et marées, mais c'est surtout par souci de préservation. Si son couple devait être voué à l'échec, elle pourrait avoir l'impression de littéralement perdre une partie d'elle-même. C'est ce qui explique pourquoi elle sera si passionnée à entretenir sa relation et c'est ce qui la rendra si fidèle.

Copains de choix :

Côté cœur, quels sont les signes avec lesquels j'ai le plus d'affinités :

- Vierge : travaillant et rassurant
- Capricorne : prospère et persévérant
- Cancer : aimant et doux

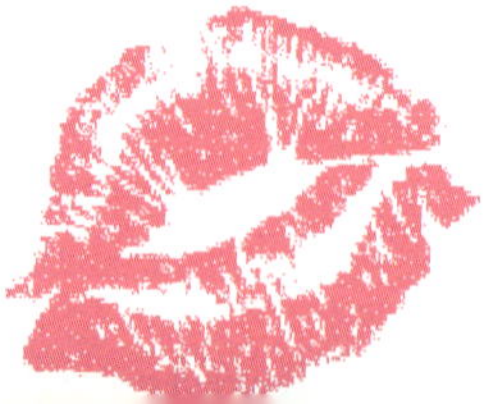

En Vacances

La Taureau, amoureuse du luxe et du confort, aime les vacances sans étourdissements.

Selon elle, pas besoin de faire le tour du monde pour le découvrir. Essentiellement, la Taureau sera bien à la maison, entourée de ses choses et de son monde. Si elle a besoin de s'évader, elle va sans doute privilégier les destinations connues et « sécuritaires ». Elle aimera se faire dorer sur la plage, profiter d'une chambre d'hôtel luxueuse. Si elle n'est pas chez elle, elle voudra d'abord être bien nourrie, bien logée et avoir le temps de profiter de ce qui lui est offert, sans compromis et sans contraintes. Grande épicurienne, jouir des plaisirs de la vie sera son unique priorité. Si elle sort de chez elle et de ses habitudes, ce sera pour trouver une plus-value, et non une version exotique de son quotidien.

Partenaires hors pair

Côté tourisme, quels sont les signes avec lesquels j'aurai le plus de plaisir à voyager ?

- La **Scorpion** pour son côté organisé et impliqué
- La **Balance** pour son goût du luxe et des belles choses

En amitié

Plus jeune, la Taureau sera toujours entourée d'une foule d'amies. Son aversion pour la solitude la plongera dans un feu roulant d'activités et la mènera à tisser des liens super facilement. Cela dit, à travers la toile de toutes ces amitiés, bien peu surmonteront l'épreuve du temps. La Taureau chérit avec fougue les valeurs auxquelles elle croit. Pour elle, l'honnêteté, la loyauté et le sens de la famille sont des priorités. Toutes ces connaissances risquent d'être vite écartées si elles ne démontrent pas un respect semblable pour les priorités qu'elle-même a établies dans sa vie. Cependant, les quelques amies qui, selon elle, seront à la hauteur, auront toujours une place dans son cœur.

Fiable, patiente et déterminée, elle ne baissera jamais les bras devant les obstacles et saura toujours être auprès de ses amies qui ont besoin d'elle. Aussi, fidèle à elle-même, la Taureau attendra toujours beaucoup de ses amitiés et elle ne s'investira donc que dans les relations qui peuvent lui apporter quelque chose. D'ailleurs, même avec les gens qui graviteront autour de son cercle privilégié, elle saura être charmante... pour éventuellement pouvoir leur demander ce dont elle a besoin.

En famille

Chef de meute, meneuse du clan, mère poule... les mots ne manquent pas pour décrire comment sera la femme Taureau en famille.

Même si elle choisit de vivre sans enfants, la Taureau sera incontestablement l'esprit directeur du couple. Pourtant, femme de cœur bien plus que femme de tête, elle n'assumera aucune des décisions « administratives » dans sa vie, mais mettra tout en œuvre pour en influencer l'issue.

Si elle devient maman, toutes ses qualités (et ses défauts) seront poussées à l'extrême. Tous les membres de sa famille feront alors partie d'elle-même. Vertueuse et protectrice, elle voudra être fière de ses enfants. Elle voudra qu'ils soient parfaits pour ne pas entacher son image de mère parfaite. Elle devra d'ailleurs faire attention à ne pas mettre trop de pression sur ses rejetons.

Bien à l'aise dans la routine, la Taureau privilégiera la stabilité et le confort. Elle n'aimera pas changer ses habitudes et être prise au dépourvu.

Son sens de la famille est inébranlable. Tellement qu'il ne faut pas se surprendre que, même à l'âge adulte, la Taureau soit encore hyper proche de ses parents et que ces derniers aient toujours une grande influence sur ses choix. Conséquemment, quand ses propres rejetons devront quitter le nid familial, la Taureau vivra une réelle rupture.

Au boulot

Volontaire et constructive, la Taureau devra travailler dans un domaine où elle se sentira en pleine possession de ses moyens. Sa peur de l'inconnu (doublée de sa peur de se tromper) la poussera vers des domaines sécuritaires, qui présentent bien peu de risques (professionnels, émotifs et financiers).

Si elle fait son chemin dans les arts

À première vue, moins artistique, la Taureau pourra tirer son épingle du jeu en musique (particulièrement en chant) ou dans les domaines de création concrets. Elle aimera travailler avec les matières naturelles : on la verra potière, traiteuse, cuisinière ou ébéniste, par exemple.

Si elle privilégie les affaires

Amoureuse de l'argent, la Taureau pourra faire sa marque dans le domaine des finances, mais n'occupera sans doute pas un poste qui la fait jongler avec le risque. En position d'autorité, elle sera une patronne en qui l'on a confiance.

Si elle devient une professionnelle

La Taureau, grâce à son amour de la nature, ferait une bonne technicienne en santé animale. Sa valorisation de la beauté lui permettrait d'être une excellente esthéticienne (qui utilisera sans doute des produits naturels pour prodiguer ses soins).

Si elle choisit un métier technique

On pourrait la voir architecte (elle a un bon sens de l'équilibre et de l'harmonie des formes), sommelière (l'épicurienne Taureau aime les bonnes choses et aime partager sa science) ou encore paysagiste (elle adore travailler la terre).

Quel sera son style

Protégée par Vénus, la Taureau a ce je-ne-sais-quoi qui la rend particulièrement jolie. Et elle aime bien mettre sa beauté naturelle en valeur. Oui, c'est une grande consommatrice, mais elle est aussi dotée d'un sens pratique qui lui permet de rentabiliser ses achats.

Généralement féminine jusqu'au bout des doigts, la Taureau aime le rose, les brillants, les boucles et tout ce flafla. Son sens inné du beau lui donne l'œil pour agencer les bons morceaux.

Dans sa vie de tous les jours comme dans sa vie professionnelle, la Taureau voudra toujours être bien habillée. Sa plus grande préoccupation sera d'être correctement vêtue pour l'occasion. En ce sens, elle demandera toujours l'avis des autres en ce qui concerne ses choix vestimentaires.

Les qualités de mes défauts ;o)

1. Pratique	←→	1. Matérialiste
2. Protectrice	←→	2. Possessive
3. Séductrice	←→	3. Manipulatrice
4. Fière	←→	4. Orgueilleuse
5. Attentionnée	←→	5. Jalouse
6. Déterminée	←→	6. Têtue
7. Stable	←→	7. Stagnante

Questionnaire

Es-tu une vraie Taureau ?

1. Tu as une sortie samedi soir. Tu...

a) Tu l'attends avec impatience. Ça fait longtemps que tu n'es pas sortie de chez toi.

b) Tu appelles toutes tes copines pour t'assurer qu'aucune d'elles n'a été omise de la liste d'invités.

c) Tu fais 26 fois l'inventaire de ta garde-robe pour finalement en venir à la conclusion que, c'est inévitable, tu dois absolument aller t'acheter un nouvel ensemble pour l'occasion.

2. La veille d'un examen, tu...

a) Tu relaxes. Tu fais du yoga pour favoriser ta concentration. Tu as déjà bien assez étudié cette semaine.

b) Tu révises. Tu as bien étudié, un peu chaque soir, alors tu ne t'inquiètes pas. Ça devrait bien aller.

c) Tu appelles Julie pour discuter du contenu de l'examen, mais vous finissez par parler du beau Julien qui n'a pas arrêté de te faire des clins d'œil pendant le cours de bio.

3. Il y a un tournoi de billard organisé après l'école. Tu...

a) Tu t'inscris, c'est clair. Ça va être amusant !

b) Tu préfères ne pas y aller. Tu ne veux pas prendre de retard dans tes devoirs.

c) Tu y vas, mais simplement pour discuter. Il y aura sûrement un tas de gens (c'est-à-dire des garçons) intéressants. Pas question de jouer, par contre. Tu ne veux pas risquer de te planter.

4. Tu dois présenter ton projet de sciences devant la classe. Tu…

a) Tu as bien élaboré ton exposé. Tu as même fabriqué une maquette et tu as préparé une vidéo interactive que tu présenteras pour bien expliquer ton projet.

b) Tu trembles. Tu n'aimes pas trop parler en avant, mais tu maîtrises bien ton sujet, alors tu devrais t'en tirer.

c) Pour ce projet, tu t'es associée à l'intello de la classe. Complètement charmé, il a fait le plus gros du boulot. Tout est parfait.

5. Il y a un nouvel élève dans ta classe. Il est habillé avec des vêtements griffés et traîne avec lui tous les bidules technologiques dernier cri. Tu…

a) Tu lui souhaites la bienvenue à l'école et tu lui offres ton aide pour tout ce qu'il y a à savoir et à voir dans le coin.

b) Tu ne fais rien. Il a l'air déjà bien à l'aise.

c) Tu te donnes pour mission de te rapprocher de lui. Il est mignon et, on ne peut pas se le cacher, ses parents doivent être assez en moyens. Hum… bon parti !

SI TU AS UNE MAJORITÉ DE A…

Tu es bien dans ta peau, assez frondeuse et très sociable. Mais tu n'as rien d'une Taureau, désolée.

SI TU AS UNE MAJORITÉ DE B…

Tu es assidue, méthodique et timide. Bref, tu sembles irréprochable, mais tu manques un peu de spontanéité. Et tu n'es surtout pas une Taureau.

SI TU AS UNE MAJORITÉ DE C…

Pas de doute, ma chérie, c'est Vénus qui te tourne autour. Tu es amicale, extrovertie, articulée, mais aussi un peu superficielle et orgueilleuse. Oui, tu es bien une Taureau.

Le mot de Momoko

GÉMEAUX

Quand j'entends parler du zodiaque ou que je lis mon horoscope, je ne peux m'empêcher de sourire. Ce n'est pas absolu, tout ça, hein ? Surtout pour moi qui suis née à la frontière entre deux signes...

Oui, je suis censée être une Gémeaux, mais dans certaines grilles zodiacales, ma date d'anniversaire fait de moi une Cancer. Alors, quand je me laisse prendre au jeu, je lis les deux ! J'ai sans doute le côté sensible, vif et bienveillant de la Gémeaux, mais je ne suis certainement pas habitée du besoin de m'étourdir, de faire 50 choses à la fois et de changer d'idée comme je change de chaussettes. De la même façon, je suis sans aucun doute romantique, maternelle, dévouée et très attachée à ma famille, comme la Cancer. C'est compliqué, tout ça, non ? En fait, c'est surtout intéressant de constater qu'aucune d'entre nous n'est pareille aux autres et que nous pouvons toutes nous apporter quelque chose de différent et d'enrichissant. Qu'on me caractérise par un signe ou un autre, je reste profondément moi-même, avec mes qualités et mes petits défauts. Toi, es-tu une vraie Gémeaux ?

Momoko

xx

Momoko

Surnom : Mimi
Date de naissance : 21 juin
Signe astrologique : Gémeaux

Quelque chose qu'il faut savoir à mon sujet :
je suis vraiment bonne en sciences.

Ce que j'apprécie le plus chez mes amies :
les belles discussions qu'on a ensemble.

Mes principaux défauts :
je suis éparpillée, méfiante et un peu susceptible (d'accord, beaucoup !).

Mes principales qualités :
je suis sensible, bienveillante et attentionnée.

Mes occupations préférées :
lire, écrire et passer du temps en famille et entre amies.

Ce que je voudrais être :
maman à la maison

Ce que je déteste par-dessus tout :
l'injustice

Mes héros de la vie réelle :
ma grand-mère maternelle

Mon héros fictif favori :
Blanche-Neige

La musique qui me fait vibrer :
la musique folk et la musique pop

Mes films préférés :
les histoires vraies

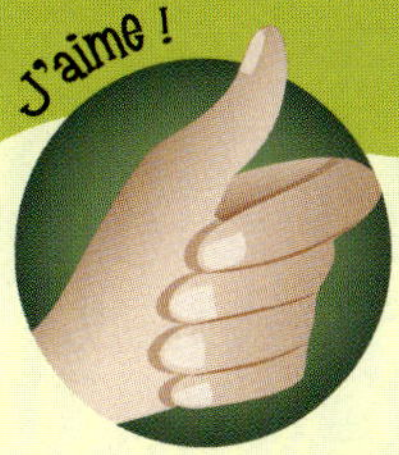

Ce que j'aime

- Ma famille
- Les roses jaunes
- Les enfants
- Parler au téléphone
- Aller à l'école
- Faire des plans pour l'avenir
- Les sushis
- La couleur rose
- Lire (sur tous les sujets)
- Jouer du piano (je ne suis pas virtuose, mais j'adore ça)

Ce que je déteste

- La violence
- La guimauve
- Les confrontations
- Les films d'horreur
- Être réprimandée
- Tous les sports d'équipe
- La cruauté envers les animaux
- Vider le lave-vaisselle
- Les araignées
- Être forcée de faire quelque chose

Comment je vois le monde ?

Quand je pense à ce qui se passe dans le monde qui m'entoure, j'ai de profonds élans d'amour et d'altruisme. J'aimerais tellement pouvoir aider tous ceux qui en ont besoin ! Surtout les enfants. La seule idée que certains enfants n'ont pas de toit et ne mangent pas à leur faim me terrifie. C'est tout de même difficile de percevoir le monde dans sa globalité. Alors, j'essaie de me consoler en faisant ma part dans mon propre petit univers. Je tente chaque jour d'être un peu moins égoïste, un peu plus ouverte, un peu moins capricieuse et surtout un peu plus réceptive. Un jour à la fois, hein ?

Mes aspirations et mes rêves

Pour le moment, bien que je m'intéresse à une foule de choses et que je me débrouille dans plus d'une discipline, je ne peux m'imaginer autrement qu'à la maison, entourée d'une ribambelle d'enfants. J'ai tellement d'amour à donner! Je me vois, câline et attentive... Si mon conjoint est d'accord (et si la situation économique le permet quand on sera rendus là), j'aimerais aussi adopter des enfants, leur offrir de la chaleur, un foyer... un sentiment d'appartenance. Ah, comme j'ai hâte !

Où je me vois dans 15 ans ?

- Je serai mère de plusieurs enfants.
- Je serai certainement mariée.
- J'habiterai dans une grande maison pour accueillir tous ces bouts de chou.
- Je prendrai toujours des cours de piano.

J'ai sans doute l'air idéaliste et romantique, comme ça, ou emballée et un peu inconsciente de tout ce que ça implique, mais je sais faire preuve d'assez de jugement et de discernement pour savoir ce vers quoi je me dirige. Et, pour le moment, aucun rêve ne m'est plus cher.

La Gémeaux

Date : Du 21 mai au 21 juin

Jour : Mercredi

Élément : Air

Forces : Intelligence et versatilité

Faiblesses : Indiscrétion et instabilité

Maison : Troisième

Planète : Mercure

Saison : Printemps

Couleur : Jaune

Pierre précieuse : Perle

Fleur : Rose

Villes et pays : Boston, Bruges, Australie, Inde

Le caractère Gémeaux : Communicative, curieuse, impatiente, sociable, indécise et drôle

Devise : Je pense donc je suis.

Quelques Gémeaux connus

Jewel, chanteuse américaine à la voix cristalline

Charles Aznavour, chanteur français, mythique et charmant

Mike Meyers, acteur loufoque et cinéaste canadien

Angelina Jolie, actrice

Prince, ou l'Artiste

Johnny Depp, acteur ténébreux

Steffi Graff, championne de tennis

Pierre Corneille, dramaturge et écrivain français issu du classicisme

Boy George, chanteur androgyne et icône de la pop des années 1980

Nicole Kidman, sculpturale actrice australienne

Jean-Paul Sartre, philosophe français du XXe siècle

Paul Gauguin, peintre postimpressionniste français

Marilyn Monroe
1er juin

Che Guevara
14 juin

Signification de chaque ascendant* pour la Gémeaux

Si tu as un ascendant Bélier

Sincère, vive et débrouillarde, tu es très douée pour tirer le meilleur de chaque situation et tu n'hésites jamais à te lancer dans de nouveaux projets. Prends la peine de soupeser les risques avant de foncer. Tu as tellement la routine en horreur qu'il t'arrive d'attaquer de nouveaux plans de façon complètement irréfléchie, juste pour te renouveler.

Si tu as un ascendant Taureau

Le côté très terre-à-terre de la Taureau peut freiner ton grand besoin de communication et d'émancipation. Parallèlement, tu détestes tout ce qui est prévisible, alors tu dois lutter contre cette dualité pour te réaliser. Ta bonne humeur, ton intelligence et ta serviabilité sont très recherchées; ta compagnie est très appréciée.

Si tu as un ascendant Gémeaux

Toi, tu es difficile à suivre! Indépendante, instable et parfois méfiante, tu as de la difficulté à tenir en place et à t'astreindre aux banalités du quotidien. Ta tendance à faire 18 projets à la fois t'empêche de réaliser chacun d'eux jusqu'au bout. Pourtant, si tu t'en donnais la peine, tes talents te permettraient de réussir à peu près n'importe quoi.

Si tu as un ascendant Cancer

Tu es intuitive, sympathique et créative. Mais tu es aussi indécise, contradictoire et volatile. Sans un encadrement serré, toutes tes belles qualités ne te font vivre que de l'angoisse, car tu ne sais pas comment les exploiter. Ta sensibilité est toutefois mise au profit de tes relations humaines. Tu as un grand sens de la famille, et c'est là que se trouve ton équilibre.

Si tu as un ascendant Lion

Tu possèdes un charme dévastateur... et tu le sais. Tellement que tu peux devenir un peu narcissique. Comme toutes les Gémeaux, tu adores être entourée, mais, toi, tu aimes aussi être admirée. La communication n'a pas de secret pour toi et tu sais bien t'en servir pour obtenir ce que tu veux.

Si tu as un ascendant Vierge

Tu es d'une intelligence redoutable, ce qui te permet de faire ton chemin facilement, dans la mesure où tu es capable de ne pas disperser ton attention dans toutes les directions. Pourtant si sûre de toi sur le plan cérébral, il t'arrive d'être rongée par le doute au point de vue émotionnel. Intensément romantique, tu devras faire attention à ne pas étouffer ton amoureux en lui demandant constamment de te rassurer.

* Consulte le tableau aux pages 20 et 21 pour découvrir ton ascendant.

Si tu as un ascendant Balance

Élégante, charismatique et chaleureuse, tu as tout pour plaire… et pour entretenir de bonnes relations. Tu as probablement un talent certain pour les arts, toi qui es si puissamment influencée par tout ce qui est beau et gracieux.

Si tu as un ascendant Scorpion

Tu es sans doute la plus instable des Gémeaux. Tu es parfois difficile à cerner et les gens semblent te trouver mystérieuse. De ton côté, tu exiges des autres un engagement, une prise de position. Les indécis te font enrager. Fais attention à ne pas demander aux autres ce que tu ne peux toi-même offrir.

Si tu as un ascendant Sagittaire

Tu es une bonne vivante appréciée de tous. Tu ne t'en fais pas avec des peccadilles et tu as le don de toujours te renouveler. On ne s'ennuie pas avec toi ! Tu es curieuse et changeante. Parfois nerveuse et agitée, parfois calme et presque léthargique, tu prends les choses comme elles se présentent et tu composes avec elles, selon ton humeur du moment.

Si tu as un ascendant Capricorne

Tu es sans contredit la moins imaginative des Gémeaux. Ton ascendant t'appelle vers les sphères du réalisme, de la ténacité et de la vaillance. S'il est une Gémeaux sur laquelle on peut compter et qui n'a pas peur des responsabilités, c'est bien toi. Peut-être un peu trop, d'ailleurs. N'aie pas peur de jouer, une fois de temps en temps, d'accord ?

Si tu as un ascendant Verseau

Ce que tu peux être dans ta tête ! Pour toi, tout se passe dans les idées. Tu réfléchis constamment, ce qui, pourtant, ne t'empêche pas de rester zen. Tu aurais avantage à redescendre un peu sur terre, car ce n'est pas par l'esprit que se réalisent les choses concrètes. Et, que tu le veuilles ou non, on vit dans la matière, ma chérie !

Si tu as un ascendant Poissons

Grande parleuse, va ! Tu excelles dans l'art de convaincre les autres de prendre tes responsabilités à ta place. Sous des airs concernés et altruistes, tu es en fait assez égocentrique, très préoccupée par ton confort. Cela dit, comme toutes les Gémeaux, tu te reposes bien peu et ton esprit travaille tout le temps… et c'est ce qui te permet d'avancer.

Dans la tête d'une Gémeaux

« Bon, qu'est-ce qu'on fait aujourd'hui ?
Tiens, je pourrais aller au musée ou apprendre à jouer de l'accordéon ou suivre un cours de cuisine ou tricoter un foulard ou... »

Les signes avec lesquels j'ai le PLUS d'atomes crochus

Yolanda

Cancer, pourquoi ?

- Mon grand besoin d'affection est comblé par la Cancer
- Nous avons tout le temps des fous rires
- Nous partageons des valeurs communes

Sabrina

Poissons, pourquoi ?

- Nous ne nous disputons jamais
- Nous inventons tout plein d'histoires fantastiques
- Nous n'avons pas besoin de nous dire que nous nous aimons toutes les deux minutes

Virginia

Vierge, pourquoi ?

- Nous adorons discuter
- Nous aimons les mêmes activités
- Nous nous stimulons intellectuellement

Les signes avec lesquels j'ai le MOINS d'atomes crochus

Paloma

Capricorne, pourquoi ?

- La Capricorne est trop exigeante à mon goût
- Elle trouve que je parle trop
- Ensemble, nous sommes trop sérieuses

Keera

Scorpion, pourquoi ?

- Nous n'avons pas grand-chose en commun
- La Scorpion est trop inaccessible
- Nous ne nous faisons pas spontanément confiance

Leila

Bélier, pourquoi ?

- Une idéaliste + une réaliste = confrontation assurée
- La Bélier n'a qu'un but et fonce alors que je cours dans toutes les directions
- La Bélier est trop intense et exigeante pour moi qui suis un esprit libre

La nature même de la Gémeaux, représentée par des Jumelles, incarne la dualité. D'un côté, cet aspect double de sa personnalité se traduit par une grande versatilité, une belle polyvalence, mais, de l'autre, il peut se manifester sous les traits d'un visage à deux faces. De la même façon, la Gémeaux a les qualités de ses défauts[*]. Elle est candide, attachante et insouciante, mais elle est aussi assez égocentrique; elle fuit les responsabilités et elle est avide d'attention. Cela dit, elle est assez vive et charmante pour faire oublier ses petits travers ! N'est-ce pas, petite futée ?

Être Gémeaux au jour le jour

La Gémeaux en famille

La jeune Gémeaux fait la vie dure à ses parents. Son exubérance et sa vivacité ne sont pas de tout repos, bien qu'elles mettent de la vie dans le noyau familial. Curieuse, fouine et agitée, la Gémeaux semble tout apprendre avant tout le monde. Et elle veut toujours découvrir de nouvelles choses, ce qui peut pousser ses parents à être un peu découragés quand ils ne savent plus quoi lui proposer pour la divertir.

Animée d'un profond sens de la famille, la Gémeaux voue un grand respect à ses parents, ses frères et ses sœurs. Comme elle est notoirement susceptible, les disputes et les bouderies peuvent être nombreuses, mais elle finit toujours par se réconcilier avec les siens. Pourtant si évasive en amitié et en amour, la Gémeaux est très inclusive en matière de famille. Même à l'adolescence, où ce genre de comportement est assez rare, on ne sera pas surpris de voir la Gémeaux se tenir avec son frère ou sa sœur et l'inviter dans diverses activités. Si elle est enfant unique, elle sait certainement s'entourer de plusieurs amis pour combler son besoin d'échange et d'attention.

* Voir page 99.

La Gémeaux en amitié

Être de paradoxes, la Gémeaux n'aime pas la solitude, mais agit parfois comme si elle se suffisait à elle-même (sûrement à cause de sa personnalité jumelle !). Dans sa vie de tous les jours, elle est toujours bien entourée. Sa vivacité d'esprit, son humour et son charme attirent les autres vers elle. Elle se fait facilement des amies, mais, comme elle a toujours besoin de nouveauté, ses amitiés n'y échappent pas, alors on ne doit pas se surprendre de la voir souvent changer de cercle. Amoureuse des surprises et des imprévus, elle est toujours comblée lorsqu'elle rencontre de nouvelles personnes.

Une fois conquise, la Gémeaux est affectueuse, gentille, généreuse et attentionnée avec les gens qui lui plaisent. Ses défis ? La fidélité et la confiance. Elle-même parfois méfiante, elle a parallèlement tendance à bavasser. Et ce n'est pas par méchanceté, mais plutôt pour se distraire. Elle aime étudier les réactions provoquées par ses commentaires. Attention à cela, chère Gémeaux, car la confiance est difficile à gagner, et facile à perdre !

La Gémeaux en amour

Plus cérébrale que sentimentale, la Gémeaux peut rencontrer quelques obstacles en amour… En fait, c'est plutôt qu'elle peut donner du fil à retordre à ses admirateurs, car elle comprend mal les notions d'attachement et de romantisme. Intense et éparpillée, elle aime à la folie, mais jamais pour très longtemps. C'est une amoureuse adorable, plaisante et envoûtante, mais pas très douée pour les relations à long terme. Ce n'est pas qu'elle soit infidèle, mais elle se lasse rapidement. Elle a besoin d'être en chasse pour se sentir vivante.

Une fois sa proie conquise, elle perd vite l'intérêt qui l'a menée là en premier lieu. Comme tout le reste, elle voit l'amour comme un terrain de jeu. Elle ne s'en fait pas avec cet aspect de sa vie. À ses yeux, des gars fascinants, il y en aura tout le temps. Ce dont elle ne se doute pas, par contre, c'est qu'elle est constamment, mais inconsciemment, à la recherche de son âme sœur… qu'elle finira par trouver si elle arrive à tenir en place plus de deux minutes !

La Gémeaux à l'école

Imaginative, brillante, curieuse, ingénieuse... les mots ne manquent pas pour décrire la Gémeaux et donner l'impression qu'elle connaît tout, sur tout. Cependant, comme elle est un peu dispersée et a une capacité d'attention plutôt minime, la Gémeaux n'est pas nécessairement à l'aise à l'école. En fait, plus souvent qu'autrement, ça l'ennuie. Si la matière n'est pas présentée de façon originale, si les profs n'arrivent pas à capter son intérêt, c'est peine perdue.

Cela dit, elle obtient assez facilement de bons résultats sans trop faire d'efforts. C'est simplement que le cœur n'y est pas. Comme elle a une impressionnante capacité d'adaptation, elle trouve sa stimulation ailleurs, dans ses réseaux sociaux, par exemple. Touche-à-tout, sociable et drôle, elle est probablement hyper populaire auprès de ses copains.

Boule de cristal, quelques prédictions...

Lis ce qui suit pour découvrir ce que le ciel te réserve... mais rappelle-toi toujours que les vraies prédictions, c'est ton cœur qui te les dicte et tu as toujours le choix d'influencer le cours de ton destin !

En amour

Semblable à l'élément qui la caractérise, l'Air, la Gémeaux en amour sera insaisissable et volatile. Il faudra beaucoup de persévérance à quiconque voudra lui mettre le grappin dessus. Elle, mademoiselle liberté, aura besoin d'être profondément conquise pour rester. Si l'on veut conserver son affection, il faudra savoir se renouveler !

Amours d'ado : La Gémeaux, c'est deux personnes en une. Est-ce pour cela qu'elle donne l'impression de ne pas avoir besoin des autres ? L'ado Gémeaux séduit, conquiert et expérimente. Qu'on ne lui demande pas de s'attacher !

Jeune adulte : En pleine découverte de la vie et de ses moyens, la jeune Gémeaux s'attachera facilement, mais se désintéressera tout aussi rapidement. Dès que ça devient trop sérieux, trop tangible ou trop impliquant – zoom ! – elle est partie !

Vie de famille : La Gémeaux doit d'abord être en pleine maîtrise d'elle-même avant de s'attacher pour de bon. Une fois qu'elle aura choisi sa carrière (ce qui peut être long) et qu'elle aura adopté un mode de vie qui lui convient, elle se sentira assez stable pour laisser quelqu'un entrer dans sa vie et y rester. Mais il aura avantage à être un bon communicateur et à être patient pour composer avec toutes ses fantaisies !

Copains de choix :

Côté cœur, quels sont les signes avec lesquels j'ai le plus d'affinités :

- Balance : équilibré et sensible
- Gémeaux : idéaliste et insouciant
- Capricorne : mature et travaillant

En vacances

La Gémeaux, comme une girouette, ne sait jamais où donner de la tête… ce qui en fait une enflammée partisane des escapades et des voyages de toutes sortes. Aucune destination ne sera trop exotique ou trop lointaine pour l'empêcher d'assouvir sa curiosité. Aucun pépin technique ou financier ne pourra la retenir. Si elle a envie de partir, elle ne s'embarrassera pas de détails et saura trouver le moyen de contourner les obstacles qui se dresseront sur son chemin.

Elle qui adore la nouveauté, l'imprévu et l'inconnu, on la verra s'adapter rapidement (et facilement) à la culture qu'elle visite. Elle goûtera à tous les mets (si barbares soient-ils); elle empruntera les parcours les moins fréquentés; elle voudra tout voir et tout connaître de cette destination qu'elle a choisi de découvrir. Seulement, elle restera rarement longtemps à la même place, besoin de renouveau oblige ! De la même façon, on ne la verra pratiquement jamais deux fois à la même place. Son exubérance et sa curiosité seraient bien mal servies par les typiques voyages où relaxation et inertie sont à l'honneur. Il faut que ça bouge… et que ce soit enivrant ! Cela dit, elle devra faire attention, car son perpétuel besoin d'être divertie et d'avoir toujours plus de plaisir pourrait la pousser à prendre des risques inutiles.

Partenaires hors pair

Côté tourisme, quels sont les signes avec lesquels j'aurai le plus de plaisir à voyager ?

- La **Vierge** pour sa curiosité et son côté plus rationnel (qui l'empêchera de faire trop de folies au nom du divertissement)
- La **Lion** pour son courage et sa volonté

En amitié

À travers toute sa vie, la Gémeaux, parfois trop centrée sur elle-même et son autosatisfaction, aura besoin de ses amies pour être connectée à la réalité et au monde autour d'elle. En effet, elle devra être en constant rapport avec les autres, sinon elle s'ennuiera. Elle devra par contre toujours faire attention à ne pas blesser les personnes qui l'épaulent.

Comme sa présence est recherchée, elle arrivera toujours à rencontrer de nouvelles amies sur son chemin. Elle qui aime faire la fête et s'amuser, elle aura beaucoup de copines d'occasion, celles qui sauront être insouciantes comme elle et sauront profiter du moment.

Au fil du temps, bien peu d'amies pourront se vanter d'avoir passé l'épreuve des années. La Gémeaux n'a tout simplement pas une conception « traditionnelle » de l'amitié. Elle aimera avec autant de passion sa collègue de travail du moment que son amie d'enfance. Tout est une question de proximité. Elle ne ressentira pas le besoin d'entretenir à tout prix des amitiés de longue date si ces dernières ne la comblent plus. Mais on ne la verra jamais seule. Ses grandes qualités lui attireront toujours la sympathie de ceux et celles qui croiseront son quotidien.

En famille

On l'a dit et redit, la Gémeaux est un esprit libre qui a besoin d'être toujours déstabilisé et de constamment revoir ses positions. Elle pourra très bien choisir de bâtir sa vie en solo et de changer de carrière tous les deux ans. Elle pourra parfaitement s'accommoder de vivre au gré de ses relations du moment, en amitié comme en amour. Elle pourra aussi choisir de s'établir, de prendre des décisions qui la mèneront vers une vie familiale plus stable. Pour ce faire, elle devra partager sa vie avec un conjoint très, très réceptif. Comme parent, la Gémeaux fera encore une fois preuve d'une belle dualité. Évidemment, son côté jovial et enfantin sera une perle pour ses enfants, qui la verront davantage comme une amie qui partage leurs jeux et leurs folies que comme une figure d'autorité. Pour être heureuse, la Gémeaux créera autour d'elle un noyau uni, mais peu conventionnel, où chaque jour ne ressemblera pas au suivant. On comprend pourquoi l'homme devra être patient !

Au boulot

Intuitive, ambitieuse et foncièrement douée dans tout ce qu'elle entreprend, la Gémeaux est promise à une belle carrière (si elle arrive à décider dans quel champ elle compte l'exercer !). Pour être bien, elle devra choisir un métier où sa tâche sera extrêmement diversifiée, ou un emploi qui requiert d'immenses facultés cérébrales. La clé de son succès : son talent de communicatrice.

Si elle fait son chemin dans les arts

Sensible et créative, elle trouvera aisément son compte dans la musique, le théâtre ou l'écriture. Tout le domaine de la télé est aussi fait sur mesure pour elle, puisque le sujet est en constant changement. La création de publicité lui permettrait aussi de cultiver son esprit vif.

Si elle privilégie les affaires

Tout l'univers du marketing est bien pensé pour son tempérament novateur.

Si elle devient une professionnelle

Alors que sa verve serait mise à profit dans le domaine du droit, elle serait aussi sans doute comblée en occupant un poste d'enseignante où elle pourrait, à loisir, transformer sa façon de transmettre ce qu'elle connaît.

Si elle choisit un métier technique

Un des seuls métiers techniques qu'elle pourra envisager concerne la recherche ou le développement, dans un domaine concis. Elle aura besoin de brasser des idées. La Gémeaux sera tout sauf une exécutante.

Quel sera son style

Très consciente de son image et de ses charmes, la Gémeaux aime avant tout porter ce qui la fait se sentir belle. Elle privilégiera un vêtement confortable à la tenue en vogue. Pour ne pas elle-même s'ennuyer, elle aura besoin de revoir son look au fil des saisons. Et, a priori, on ne la verra jamais porter le même ensemble deux fois dans une semaine (voire un mois).

Si son occupation le lui permet, elle optera souvent pour des couleurs vives ou, du moins, pour une touche de celles-ci. Ni avant-gardiste ni conformiste, la Gémeaux s'habillera selon ses propres lois, mariant adroitement les vêtements classiques avec les accessoires de fantaisie.

Une chose est certaine, ce n'est pas elle qui appellera toutes ses copines pour savoir si elle a choisi la bonne tenue. Elle ne cherche pas à passer un message par sa façon de se vêtir. Elle sait qu'elle est à son meilleur, à tout moment.

Les qualités de mes défauts ;o)

1. Vive	↔	1. Nerveuse
2. Flexible	↔	2. Inconsistante
3. Éloquente	↔	3. Je-sais-tout
4. Curieuse	↔	4. Indiscrète
5. Sélective	↔	5. Jamais contente
6. Perceptive	↔	6. Intrusive
7. Touche-à-tout	↔	7. Éparpillée

Questionnaire

Es-tu une vraie Gémeaux ?

1. Une amie vient te voir et t'avoue qu'elle trouve que tu as changé. Elle est désappointée, et elle aimerait que tu lui témoignes un peu plus de soutien et d'affection. Tu...

a) Tu lui dis que tu trouves bien dommage que son opinion ait changé, mais tu es toujours la même et que tu ne modifieras pas ton attitude pour lui faire plaisir.

b) Tu es complètement mortifiée. Tu te confonds en excuses et tu l'assures que tu vas faire plus attention à elle.

c) Tu lui proposes un lunch en tête-à-tête pour que vous puissiez toutes les deux exprimer vos attentes et vos chagrins.

2. Il y a un voyage organisé à l'école. Tu...

a) Tu t'inscris tout de suite. Tu proposes même d'être en charge du comité d'activités. Tu veux être bien sûre de tout faire et tout voir une fois là-bas.

b) Tu demandes à toutes tes amies d'abord et tu ne t'inscris que si chacune d'entre elles te promet qu'elle y va aussi.

c) Tu ne sais pas encore si tu comptes y aller. Ça va dépendre de l'avancement de ta préparation pour les examens finaux.

3. Il y a une fête chez Justin ce soir. Tu...

a) Tu y vas, c'est clair. On ne sait jamais... Il y aura peut-être plein de gens super intéressants !

b) Tu te changes 26 fois, tu te répètes sans cesse que tu ne connaîtras personne et que tu seras mortifiée, mais tu ne peux t'empêcher d'y aller. Il faut que tu y ailles pour voir Benoît, même si tu sais que tu ne lui parleras pas.

c) Tu n'y vas pas. Les fêtes de ce genre, c'est pour les divas.

4. La veille d'un examen, tu...

a) Tu relis tes notes une fois. Ça devrait bien aller. D'ailleurs, tu as bien d'autres choses à faire dans la vie à part étudier.

b) Tu angoisses toute la soirée. Tu essaies d'étudier, mais on dirait que ça n'entre pas dans ton cerveau. Tu espères que Sophie sera là demain matin pour tout te réexpliquer.

c) Tu étudies assidûment. Tu as relu tes notes une fois chaque soir, mais tu te concentres tout de même sur ce dernier sprint.

5. C'est samedi soir, et tu n'as rien au programme. Tu...

a) Tu appelles toutes les connaissances de ton carnet de contacts. Qui sait, l'une d'elles a peut-être envie de discuter ou, encore mieux, de venir s'éclater avec toi.

b) Tu es déprimée, triste et bougonne. Tu te sens abandonnée. Comment la vie a-t-elle pu te faire ça ?!

c) Tu es heureuse comme une reine. Ça fait des semaines que tu rêvais d'avoir un peu de temps à toi pour lire, prendre un bain chaud et relaxer en paix.

SI TU AS UNE MAJORITÉ DE A...

Tu es sûre de toi, très articulée, bavarde et étourdie. Tu as tout plein d'amies et tu as tout de la Gémeaux.

SI TU AS UNE MAJORITÉ DE B...

Tu es un peu timide, mais surtout inquiète et fragile. Tu as aussi un certain don pour le mélodrame. Rassure-toi, tes amies t'aiment et ne te laisseront pas tomber. Tu peux aussi être certaine que tu n'es pas une Gémeaux.

SI TU AS UNE MAJORITÉ DE C...

Réservée ? Consciencieuse ? Affable ? À ton affaire ? Gémeaux ? Oui à toutes ces questions, sauf à la dernière.

Le mot de Yolanda

CANCER

Il est question de zodiaque, hein ? C'est drôle, parce que, bien que j'aie l'air plutôt terre-à-terre, je suis fascinée par l'astrologie. C'est peut-être ma facilité à « lire » les autres qui me confère cet intérêt.

En plusieurs points, je trouve ça carrément captivant. Le plus étrange, c'est que lorsque j'analyse mon signe, beaucoup des caractéristiques qui y sont associées me font plutôt penser à mon amie Momoko, elle qui est si sensible, romantique, douce et maternelle. J'ai sans doute, moi aussi, ce côté attentionné et très attaché à ma famille, mais je suis beaucoup moins émotive et tristounette que ce que veulent me faire croire les planètes ! Au contraire, je suis enjouée, dynamique et toujours de bonne humeur. (Évidemment, quand je réfléchis trop, je peux devenir un peu pessimiste, mais personne n'est parfait, non ?) Quoi qu'on en dise, l'important, c'est de croire en soi-même, d'être bien entourée et de s'amuser ! Toi, es-tu une vraie de vraie Cancer ?

XX

Yolanda

Surnom : Yo
Date de naissance : 26 juin
Signe astrologique : Cancer

Quelque chose qu'il faut savoir à mon sujet :
je suis une passionnée des histoires policières.

Ce que j'apprécie le plus chez mes amies :
leur présence et leur fidélité.

Mes principaux défauts :
je suis contrôlante, suspicieuse et assez caractérielle.

Mes principales qualités :
je suis attentionnée, dynamique et sympathique.

Mes occupations préférées :
danser et faire la fête entre amies.

Ce que je voudrais être :
danseuse étoile ou chimiste criminaliste.

Ce que je déteste par-dessus tout :
l'inertie

Mes héros de la vie réelle :
ma mère

Mon héros fictif favori :
Mumble

La musique qui me fait vibrer :
salsa, bachata, rumba... toutes les musiques qui accompagnent les danses latines.

Mes films préférés :
les drames, les suspenses et les films de danse.

Ce que j'aime

- Danser
- Ma famille
- Mon chien Taco
- Le ceviche
- Faire la fête
- Les polars
- Me baigner
- Le gâteau au chocolat
- Faire des folies entre amies
- Me lever tôt

Ce que je déteste

- Les disputes
- La couleur brune
- Les kiwis
- Avoir du chagrin
- Voir mes plans changés à la dernière minute
- Les cours d'arts plastiques
- Me faire dire quoi faire
- Les comédies insipides
- Me tromper
- Le rap

Comment je vois le monde ?

Quand je m'arrête pour contempler ce qui se passe autour de moi, quand j'appréhende le monde dans ce qu'il a de plus grand, ça me déprime ! C'est tellement triste, tout ce qui se trame. Il me semble que nos erreurs collectives devraient nous avoir appris à mieux gérer nos ressources. Quand on pense à tout ce que contient l'histoire, on devrait aujourd'hui être plus vigilants, non ? Non ? J'ai de grandes montées de peine juste à y penser ! Il vaudrait mieux pour moi que je me concentre sur mon petit monde. Allez, les filles ! On oublie ça ? On fait la fête ?

Mes aspirations et mes rêves

Moi, je rêve à de bien grandes choses. En fait, depuis que je suis haute comme ça, je sais ce que je veux faire. Je sais ce que je veux être. Sans hésiter, je sais que je veux devenir une danseuse étoile. Si je suis réaliste, je sais aussi qu'une carrière de danseuse, c'est relativement éphémère. Comme je n'ai pas nécessairement envie d'enseigner la danse quand je ne pourrai plus danser professionnellement, j'ai besoin d'un plan B !

Où je me vois dans 15 ans ?

- Je serai première danseuse dans une troupe mondialement reconnue.
- J'aurai terminé, à temps partiel, ma formation de criminaliste.
- J'aurai comme conjoint un chorégraphe respecté.
- Je commencerai sans doute à penser à avoir des enfants.

J'ai déjà fait tous les bons choix qui me mènent tranquillement vers mes buts. Je sais que j'y arriverai, coûte que coûte !

La Cancer

Date : Du 22 juin au 22 juillet

Jour : Lundi

Élément : Eau

Forces : Dévouement et profondeur

Faiblesses : Apitoiement et possessivité

Maison : Quatrième

Planète : Lune

Saison : Été

Couleur : Argent

Pierre précieuse : Rubis

Fleur : Pied d'alouette

Villes et pays : Juneau, Édimbourg, Hollande, Japon

Le caractère Cancer : Maternelle, tenace, lunatique, émotive, susceptible et protectrice

Devise : Plus qu'hier, moins que demain

Quelques Cancers connus

Tobey Maguire, alias Spider-Man

Tom Cruise, acteur hollywoodien aussi connu pour son art que pour sa tendance à sortir avec de belles femmes plus grandes que lui

Ringo Starr, batteur des mythiques Beatles

Courtney Love, chanteuse américaine aux déboires notoires

Rembrandt, peintre hollandais de l'époque Baroque

Pierre Cardin, couturier italien de renom

Prince William
21 juin

Cyndi Lauper
22 juin

Signification de chaque ascendant* pour la Cancer

Si tu as un ascendant Bélier

Chez toi, le respect et l'importance de la famille sont poussés à l'extrême. La protection jalouse de tes possessions que t'apporte ton ascendant est davantage mise au profit de tes relations que de tes biens matériels. Tu es généralement facile à vivre et aimée de tous.

Si tu as un ascendant Taureau

Toi qui es si sensible, ton ascendant te donne un certain pouvoir sur tes émotions et tu arrives à mieux les canaliser que d'autres qui partagent ton signe. Il te confère aussi une bonne confiance en toi; ce qui contredit un peu ton instinct premier qui demande d'être toujours rassurée.

Si tu as un ascendant Gémeaux

Oh, ma chérie, comme tu as le cœur sur la main ! Tu es si émotive que tu perçois tout à travers ta sensibilité toute particulière. Tellement que, dans certains domaines, tu aurais sans doute besoin d'un peu de rationalité. Tu obtiens davantage tes succès par la chance que par le travail, et ton entourage doit être bien patient pour composer avec tes sautes d'humeur !

Si tu as un ascendant Cancer

Timide, mais charmante, intuitive et prévenante, tu mets les gens à l'aise instantanément. Tu attires aussi tout naturellement les enfants. Traditionnaliste, familiale et chaleureuse, tu mises davantage sur tes relations que sur tes accomplissements. Tu as d'ailleurs horreur de faire des efforts pour obtenir ce dont tu as besoin ou pour atteindre les buts que tu t'es fixés.

Si tu as un ascendant Lion

Attention à ton orgueil, chère Cancer-Lion, il pourrait bien te jouer des tours ! En fait, tu t'imagines souvent plus noble que tu ne l'es en réalité. Ton idéalisme est ici poussé à l'extrême. La bonne nouvelle, c'est que la chance semble te poursuivre. Tu réussis presque tout ce que tu entreprends… fais juste attention à ne pas trop t'enfler la tête avec ça.

Si tu as un ascendant Vierge

Voilà une combinaison gagnante ! Ton ascendant t'apporte juste ce qu'il faut de lucidité et de rationalité pour mettre de l'ordre dans tes émotions. Tu es généralement équilibrée, altruiste et très tendre. Fais simplement attention à ne pas être gentille juste pour être aimée en retour. Ton besoin de sécurité à tout prix n'est pas toujours ton meilleur guide.

* Consulte le tableau aux pages 20 et 21 pour découvrir ton ascendant.

si tu as un ascendant Balance

Grande romantique, va! Envahie par ta sensibilité, tu prends toutes tes décisions avec ton cœur, et non avec ta tête. Pour réaliser et mener à terme ce que tu entreprends, tu as besoin de te sentir soutenue et épaulée. Avec le soutien nécessaire, tu peux tout réussir.

si tu as un ascendant scorpion

Ici, on pourrait ne rien écrire et tu le devinerais. Tu ne serais pas un peu clairvoyante, par hasard ? Pour toi, tout n'est que sensation, intuition et perception. Ton flair te permet de faire ton chemin sans trop de heurts et surtout de bien choisir les personnes qui formeront ton entourage privilégié.

si tu as un ascendant sagittaire

La Cancer-Sagittaire est affectueuse, dévouée et très encline à aider les autres. Le bien-être de ton entourage est primordial à tes yeux... parfois même plus que le tien. Pourtant animée d'une grande soif de vivre, tu as tendance à rester sur tes positions et, par crainte du changement, tu as parfois de la difficulté à évoluer.

si tu as un ascendant Capricorne

Tu as parallèlement besoin d'être la protectrice et la protégée. Tu as l'instinct de te fier à tes émotions, mais tu es obsédée par l'idée de devoir tout rationaliser. Donne-toi une petite chance, ma belle, car tu seras vite épuisée de jongler entre ces paradoxes.

si tu as un ascendant Verseau

Il te faudra du temps pour te défaire de tes réflexes d'enfance. Tu rêves d'indépendance, mais tu es aussi terrifiée à l'idée de voler de tes propres ailes. Tu te sers beaucoup des autres pour t'aider à avancer, mais cette tendance te confine dans un tempérament naïf et dépendant. Ouvre tes ailes, et fais-toi confiance !

si tu as un ascendant Poissons

Si l'on te cherche, on te trouvera sans doute dans les nuages. Rêveuse, distraite et romantique, tu as tout pour te lancer dans la rédaction d'histoires à l'eau de rose (tu les vis déjà bien assez dans ta tête). Quand tu auras trouvé ton âme sœur, rien ne pourra contrevenir à ton propre : « Ils vécurent heureux et eurent beaucoup d'enfants. » Ton foyer sera ton repaire et la source de ton bonheur.

Dans la tête d'une Cancer

« Ça me rappelle tellement cette fois où je suis allée là...
Ah, comme on a eu du bon temps !
On devrait y retourner. »

Les signes avec lesquels j'ai le PLUS d'atomes crochus

Sabrina

Poissons, pourquoi ?

- Nous aimons bien l'eau !
- Nous ne nous disputons jamais
- Nous sommes toutes les deux douces et calmes

Paloma

Capricorne, pourquoi ?

- Nous ne passons pas notre temps à analyser ce que dit l'autre
- Nous nous admirons l'une et l'autre
- Nous savons prendre soin de notre amitié

Momoko

Gémeaux, pourquoi ?

- Nous partageons les mêmes valeurs
- Nous nous faisons confiance
- Nous nous faisons rire mutuellement et nous avons beaucoup de plaisir ensemble

Les signes avec lesquels j'ai le MOINS d'atomes crochus

Virginia

Vierge, pourquoi ?

- Elle me trouve trop spontanée et expansive
- La Vierge est bien trop scrupuleuse
- Nous sommes foncièrement différentes

Keera

Scorpion, pourquoi ?

- Nous avons toutes les deux des pinces (vives les confrontations!)
- Nous pourrions être complices si nous n'avions pas des tempéraments si différents
- La Scorpion est bien trop mystérieuse pour moi qui suis si méfiante

Leila

Bélier, pourquoi ?

- La Bélier est trop directe et heurte ma sensibilité
- La Bélier s'impatiente quand elle me trouve trop naïve
- La Bélier est bien trop agitée et éparpillée à mon goût

Toutes les Cancers ne peuvent être mises dans une seule petite case qui les définit absolument. Certaines sont timides et réservées alors que d'autres sont extraverties et hyper sociables. Une chose demeure : la Cancer est une bonne incarnation de son symbole. En effet, comme le crabe, elle cache une grande délicatesse sous sa solide carapace. Et, comme le crabe, elle préfère reculer que faire face aux confrontations.

Être Cancer au jour le jour

La Cancer en famille

Animée d'un sens aigu de la famille, la Cancer éprouve un profond respect pour tous les membres qui composent son noyau. Grâce à sa famille, elle ne se sent jamais seule. Tellement que, même si, dans les faits, ses parents sont plus ou moins présents, l'idée seule d'appartenir à un clan la réconforte. Elle a besoin de se rappeler ses racines, de connaître le passé pour mieux comprendre et anticiper l'avenir. C'est autant un besoin viscéral de savoir d'où elle vient qu'un élan romantique qui encadre les projections familiales qu'elle fait pour elle-même.

Dans sa vie de tous les jours, la Cancer s'appuie énormément sur la sagesse de ses parents, leur expérience de vie. Elle adore se faire raconter les anecdotes qui ont modelé la vie de ses parents, particulièrement de sa mère, à laquelle elle s'identifie ou, du moins, de laquelle elle ne peut pas se dissocier.

Avec ses frères et sœurs, si elle en a, la Cancer est sans doute la gardienne de la paix. Profondément mal à l'aise quand des tensions font rage au sein de sa famille, la Cancer usera de ses qualités humaines (autrement appelées intuition et manipulation !) pour ramener l'ordre et l'harmonie. Petite négociatrice, va !

La Cancer en amitié

L'amitié est d'une importance capitale pour la Cancer. Toute dévouée, elle aime prendre soin de ce qui lui tient à cœur : sa famille, ses projets, les causes auxquelles elle s'associe, mais particulièrement ses amies. Très intuitive, la Cancer a le don de cerner, de saisir les gens. Les gens se sentent à l'aise en sa présence. Elle est donc très perspicace et à l'écoute quand vient le temps de consoler une amie en peine. Et sa réputation la précède; c'est sans aucun doute elle, l'âme noble de son cercle d'amis. Toutes savent qu'elles peuvent compter sur son soutien. Ceci dit, la Cancer s'appuie aussi énormément sur ses copines. Elle a toujours besoin de leur avis, de leur opinion sur tout. Elle a constamment besoin d'être rassurée.

D'ailleurs, si elle est blessée, si elle sent qu'une de ses amies ne prend pas suffisamment soin d'elle, elle pourrait lui en tenir rigueur pendant longtemps. Oui, en bonne représentante du signe d'Eau, elle nage pratiquement dedans tellement elle est encline à pleurer pour des riens. Elle vit tellement dans le passé, à ruminer et ressasser ses peines, que ça peut en faire enrager quelques-unes. Elle a besoin de ses amies pour rester connectée au présent. Par contre, elle a les qualités de ses défauts, puisqu'elle est sans doute la plus fidèle du zodiaque. Son attachement au passé et à ses souvenirs d'enfance fait en sorte qu'elle veut toujours perpétuer ces moments. Si une de ses amitiés s'éteint, ce ne sera certainement pas de sa faute !

La Cancer en amour

La Cancer semble née pour aimer. Romantique, tournée vers l'autre, empathique autant que sympathique, elle sait se mettre dans la peau de l'autre pour mieux comprendre comment lui plaire. Et elle a l'imagination et la vivacité nécessaires pour mettre de l'avant toutes ces fantaisies. Le problème, c'est qu'elle arrive à modifier, sans s'en rendre compte, sa réalité amoureuse pour la modeler à son idéal romantique. La Cancer est prête à tout donner en amour; elle peut offrir sans rien attendre en retour. Elle a besoin de savoir son chéri comblé.

La Cancer est profondément loyale. Elle aime sans réserve et se laisse toujours emporter par l'émotion du moment. Facilement influencée par celui qu'elle aime et admire, elle doit faire attention à ne pas se laisser engloutir par la force de ses émotions. Son défi ? Garder la tête froide et ne pas se perdre dans ses relations. Paradoxalement, elle sait parfaitement déceler les motivations ou les humeurs cachées des gens qui l'entourent. Malgré ses emportements romantiques, les gars mal intentionnés, elle les voit venir. Et c'est tant mieux, car elle est si émotive qu'elle doit savoir se protéger.

La Cancer à l'école

Aussi changeante que la Lune qui la régit, la pensée de la Cancer se transforme et fluctue, particulièrement en ce qui concerne ce qu'elle ne peut elle-même changer. L'école est le meilleur exemple. Alors que l'institution présente chaque jour la même chose, la Cancer ne l'apprécie jamais de la même façon. Certains jours, elle a hâte d'y aller et ne tient plus en place à l'idée d'apprendre, alors qu'à d'autres moments, c'est la pire chose qu'elle puisse imaginer et elle se ferait passer sur le corps plutôt que de subir une telle torture mentale. Allez comprendre !

Comme elle est très introspective, elle sait probablement déjà quelle carrière elle veut poursuivre. Les yeux fixés sur un but, elle fera tout pour l'atteindre. Vive et tenace, elle s'en tire généralement plutôt bien à l'école, dans la mesure où elle consent à faire les efforts requis.

Boule de cristal, quelques prédictions...

Lis ce qui suit pour découvrir ce que le ciel te réserve... mais rappelle-toi toujours que les vraies prédictions, c'est ton cœur qui te les dicte et tu as toujours le choix d'influencer le cours de ton destin!

En amour

L'amour sera toujours au centre des préoccupations de la Cancer. Comme l'eau qui caractérise son signe, la Cancer saura être effervescente et pleine de remous si elle est stimulée, mais pourra aussi stagner si l'amour n'est pas à la hauteur des idéaux qu'elle poursuit.

Amours d'ado : La jeune Cancer vivra de rêves romantiques, la tête et le cœur dans les nuages et s'attachera facilement à des amours impossibles. Pour son jeune âge, elle est déjà si entière en amour que bien peu de garçons pourront lui rendre le niveau d'engagement qu'elle exige.

Jeune adulte : Pendant cette période où elle découvre et affirme sa personnalité, la Cancer sera coincée entre deux mondes : le passé visité par les souvenirs et l'avenir construit sur l'imagination. Ayant de la difficulté à saisir le présent, soit elle revivra sans cesse ses amours passées (même si elle croit que c'était bel et bien fini), soit elle s'inventera des mirages amoureux basés sur ce qu'elle aimerait vivre.

Vie de famille : Après des années passées dans le rêve, la Cancer saura mieux gérer sa sensibilité, et son éternel romantisme se transformera en une loyauté à toute épreuve. Protectrice, douce et tendre, elle aimera sans condition. Celui qui lui mettra le grappin dessus sera comblé.

Copains de choix :

Côté cœur, quels sont les signes avec lesquels j'ai le plus d'affinités :

- Scorpion : passionné et intense
- Taureau : familial et dévoué
- Balance : sensible et perceptif

En vacances

Comme la notion de foyer et d'enracinement sera toujours au menu pour la Cancer, on peut dire qu'elle ne sera sans doute pas la plus grande globe-trotter du zodiaque. Cela dit, si elle choisit de faire quelques escapades, elle aura beaucoup de plaisir à visiter des contrées inconnues, surtout si ces dernières sont chargées d'histoire. En fait, la Cancer n'éprouvera jamais un impérieux besoin de parcourir le monde, comme la Sagittaire, par exemple. La Cancer profitera davantage de voyages d'opportunité; elle attendra qu'on l'invite ou qu'on lui propose tel ou tel forfait. De plus, si elle quitte la maison, ce ne sera jamais pour bien longtemps. Très rares sont les Cancers qui vont parcourir le monde, le sac au dos, pendant des mois. La Cancer a besoin d'un port d'attache, d'un sentiment d'appartenance. D'ailleurs, par choix, elle prendra plus souvent qu'autrement ses vacances dans son pays natal. Visiter la région d'à côté, c'est déjà bien assez exotique. Au moins, les gens y parlent la même langue !

Partenaires hors pair

Côté tourisme, quels sont les signes avec lesquels j'aurai le plus de plaisir à voyager ?

- Une autre **Cancer** parce qu'elle comprendra mes craintes d'éloignement
- Une **Poissons** car, à deux, on a assez d'imagination pour que le trajet soit tout sauf ennuyant

En amitié

La Cancer a une conception plutôt étroite de l'amitié et défendra son clan contre toute intrusion. Elle privilégiera ses amitiés de longue date aux connaissances rencontrées plus tard dans sa vie. D'ailleurs, elle sera toujours la plus tenace des amies. Même à l'âge adulte, il ne faut pas se surprendre qu'elle traverse le pays pour retrouver une amie perdue. D'ailleurs, pour ne pas être constamment déçue, elle devra apprendre à évoluer et à ne pas trop s'attacher aux choses (et à ses amies) comme elles sont, et à la place qu'elles occupent.

Au-delà de ça, la Cancer restera toujours très disponible pour les autres. Autant dans son travail que dans sa vie sociale, on la verra toujours comme celle qui aime tout le monde. Elle saura toujours voir en chacun ce qu'il y a de bien. S'il est une chose qui ne changera pas chez la Cancer, c'est son caractère exclusif. Non seulement ses amies proches seront peu nombreuses, chacune d'elles sera également catégorisée. L'une sera la parfaite partenaire de sortie, l'autre sera la confidente, la troisième sera la comparse idéale pour partager des projets, et ainsi de suite. Et elles risquent bien d'être cantonnées dans leur rôle... pour bien longtemps !

En famille

La nature aimante et maternelle de la Cancer la conduira à vouloir être près des enfants. La maison, pour la Cancer, dépassera le concept d'un bâtiment bien décoré pour impressionner les visiteurs. La maison sera son repaire, le lieu où elle pourra se recentrer, entourée des siens, un endroit confortable qui lui ressemblera.

Ce n'est pas qu'elle sera antisociale, bien au contraire, mais, pour la Cancer, il y aura toujours un temps pour chaque chose : un temps pour faire la fête et être entre amis, et un temps pour se retrouver en famille. Si elle choisit d'avoir des enfants, la Cancer sera une maman extraordinaire. Attentionnée, tendre et présente. Elle devra cependant faire attention à ne pas s'oublier dans tout ça. Oui, la Cancer est aimante et généreuse, mais elle aura aussi besoin d'être aimée en retour. Son principal défi se trouvera toujours dans sa difficulté à exprimer ce qu'elle ressent et à exiger ce dont elle a besoin. Elle devra, tout au long de sa vie, se rappeler que tout le monde n'a pas son intuition et que les autres, si près d'elle soient-ils, ne pourront pas toujours deviner ce qui l'habite.

Au boulot

Généralement ambitieuse, la Cancer se fixera un but et fera tout en son pouvoir pour l'atteindre. Ses talents naturels la prédisposent à exercer une foule de métiers… dans la mesure où son hypersensibilité ne lui met pas de bâtons dans les roues !

Si elle fait son chemin dans les arts

Ses mains agiles lui permettront d'être couturière, sculpteure ou magicienne. Elle serait également une excellente gérante d'artistes. La littérature est aussi un domaine qui serait un bel écho à son imagination.

Si elle privilégie les affaires

Sans être faite pour des postes de pouvoir, la Cancer possède de belles affinités avec l'argent. Elle peut commencer au bas de l'échelle, mais rapidement monter les échelons et se tailler une place de choix. Elle serait bonne comptable ou gestionnaire de compte.

Si elle devient une professionnelle

La Cancer est douée pour prendre soin des autres. On la voit facilement physiothérapeute, ergothérapeute, massothérapeute, psychothérapeute (on voit le portrait !). Comme elle s'intéresse beaucoup à ce que pensent les gens, elle ferait une bonne journaliste ou encore une bonne politicienne (celle qui brasse les idées, pas celle qui prend les décisions).

Si elle choisit un métier technique

Son intelligence lucide et logique en fait une candidate toute désignée pour la recherche. Le fruit de ses études lui donnera l'impression de résoudre les mystères, qu'elle affectionne tant.

Quel sera son style

La Cancer, dans son habillement, aura surtout besoin d'être confortable. Si elle n'est pas bien dans ce qu'elle porte, elle va se changer jusqu'à ce que tout soit parfait. Ses couleurs préférées sont souvent très « lunaires », comme argent, perle, gris, lavande... Tout ce qui est opalin ou iridescent la fait aussi craquer.

Comme pour tout le reste, quand viendra le temps de se vêtir, elle s'adaptera à l'émotion du moment. Elle détestera être confinée dans un style ou être forcée de porter quelque chose. Les uniformes ? Un cauchemar. Plus jeune, la Cancer aura sans doute des élans d'affirmation de soi par le look. Beaucoup de Cancers voudront exprimer leur individualité en allant aux extrêmes en matière d'accoutrement. Un mohawk style punkette, des couleurs criardes, des pantalons aux motifs excentriques... rien ne sera à l'épreuve de son humeur du moment et de son désir de marquer son unicité.

Plus tard, le confort primera sur la mode, mais comme la Cancer vit beaucoup à travers ses moments forts du passé, elle gardera toujours les vêtements qu'elle a adorés à une autre époque et tentera, des années plus tard, de les remettre au goût du jour. Même s'ils ne s'inscrivent pas dans la tendance, elle s'en moque. Son imaginaire lui permettra de revivre, à travers ses anciens looks, les bons moments qu'elle a connus en les portant la première fois.

Les qualités de mes défauts ;o)

Qualités	Défauts
1. Sensible	1. Trop émotive
2. Perceptive	2. Interférente
3. Prudente	3. Méfiante
4. Protectrice	4. Contrôlante
5. Impliquée	5. Incapable de lâcher prise
6. Affectueuse	6. Manipulatrice
7. Joyeuse	7. Enfantine

Questionnaire
Es-tu une vraie Cancer ?

1. En classe, vous écoutez un documentaire sur la vie sauvage dans la savane. Tu...

a) Tu dors tout le long. Tu as parlé au téléphone avec Jasmine jusqu'aux petites heures, hier soir, et tu ne tiens plus debout.
b) Tu écoutes attentivement et tu prends des notes. Tu es certaine qu'au prochain examen, il y aura au moins une question là-dessus.
c) Quand le lion dévore l'antilope, tu n'en peux plus, tu exploses en sanglots. Pauvre petite bête !

2. Dans le cadre de ton cours de français, tu dois lire une œuvre précise en vue du prochain test.

a) Tu demandes à l'intello de la classe de te refiler le résumé. C'est bien connu, il ne peut résister à tes charmes et ferait n'importe quoi pour toi.
b) Tu la lis attentivement, mais ça t'ennuie un peu, toutes ces romanceries.
c) Tu lis non seulement ce bouquin, mais aussi tous les titres de l'auteure. Elle a une si belle plume et tu es si facilement transportée dans le monde qu'elle décrit !

3. Dans une fête, tu...

a) Tu attends que les gens viennent vers toi pour te parler ou te proposer de danser. Ça ne devrait pas être trop long; tu es toujours le centre de l'attention.
b) Tu restes dans ton coin. Tu n'aimes pas trop ce genre de réunion. Plutôt mourir que de te faire prendre en train de danser!
c) Tu t'amuses, tu parles à tout le monde. Tu prends des tonnes de photos pour documenter les meilleurs moments.

4. Selon toi, le mot qui te définit le mieux parmi les suivants est...

a) Pouvoir
b) Fuite
c) Réaction

5. Il y a un nouveau, à l'école, et il est plutôt mignon. En plus, il semble bien te faire de l'œil !

a) Évidemment qu'il te fait de l'œil! Aucun garçon ne reste indifférent quand tu es dans les parages.
b) Bien voyons ! C'est dans ta tête. Il n'est gentil avec toi que parce qu'il veut se rapprocher de ta meilleure amie.
c) Tu rougis juste à y penser. Tu t'arranges pour n'être jamais seule quand tu passes à côté de lui pour que ton amie puisse t'aider à analyser ses moindres réactions. Toute la journée, tu textes tes copines pour avoir leur opinion et pour savoir quelle devrait être ta prochaine stratégie d'approche.

SI TU AS UNE MAJORITÉ DE A...
Princesse des princesses, tu as peut-être une légion de fans, mais tu n'as certainement pas l'amabilité et la sensibilité de la Cancer.

SI TU AS UNE MAJORITÉ DE B...
Tu es à ton affaire; plutôt timide, tu manques un peu de confiance en toi. Tu as plein de belles qualités cachées, mais tu n'es pas une Cancer.

SI TU AS UNE MAJORITÉ DE C...
Émotive, intense, romantique et sociable, tu as tout d'une Cancer, beauté lunaire !

Le mot de Clothilde

LION

Moi, Clothilde, je suis mordue de mode, innovatrice, avant-gardiste, décidée, ouverte d'esprit, mais aussi têtue, superstitieuse, grognonne et exigeante. Je suis démesurément, parfaitement et originalement moi.

Est-ce que ça veut dire que je suis aussi une Lion ? Je n'en ai aucune idée ! Si la Lion est talentueuse, déterminée, enjouée et généreuse, alors je veux bien. Si elle est ratoureuse, vantarde, orgueilleuse et inflexible, alors je refuse ! Ha ! ha ! Plus sérieusement, je sais ce que je suis et ce que je vaux, et je n'ai pas besoin de ma carte du ciel pour me faire dire ce qu'il en est.

Évidemment, je dois avouer que c'est presque fascinant de constater que je partage des traits de caractère avec d'autres filles nées pendant la même période que moi, mais tout de même. Je continue à croire que je suis comme je suis, et ce, grâce aux choix que je fais et un peu à cause de l'influence des gens qui m'entourent et que j'aime. Toi, comment te perçois-tu, chère Lion ?

Clothilde

XX

Clothilde

Surnom : Cloclo
Date de naissance : 30 juillet
Signe astrologique : Lion

Quelque chose qu'il faut savoir à mon sujet :
quand j'ai une idée dans la tête, je ne l'ai pas dans les pieds.

Ce que j'apprécie le plus chez mes amies :
leur bon jugement et les moments de folie qu'on partage.

Mes principaux défauts :
je suis démesurée, superficielle et un peu effrontée.

Mes principales qualités :
je suis créative, généreuse et déterminée.

Mes occupations préférées :
faire les boutiques et dessiner des vêtements

Ce que je voudrais être :
designer de mode

Ce que je déteste par-dessus tout :
les reptiles

Mes héros de la vie réelle :
Coco Chanel

Mon héros fictif favori :
Carrie Bradshaw

La musique qui me fait vibrer :
le hip-hop

Mes films préférés :
les films d'horreur et les comédies

Ce que j'aime

- La mode
- Voyager
- Mon chien Gauthier

- Les amandes
- Trouver des articles fabuleux en solde
- Parler au téléphone
- Tout ce qui est beau et luxueux
- Mon ordinateur

- La corde à danser
- Le soleil

Ce que je déteste

- L'ordinaire
- La méchanceté
- Être mise de côté
- Me faire mettre des bâtons dans les roues
- Le foie
- Lire
- L'inaction
- Me faire dire quoi faire
- La musique classique
- La pluie

Comment je vois le monde ?

À mes yeux, le monde représente un univers de possibilités. Il y a tant de choses à découvrir, tant de lieux à visiter, tant de cultures à connaître… Ce qui détermine un style ou une tendance résulte en fait d'un amalgame d'éléments provenant d'un peu partout. N'est-ce pas merveilleux ? Il faut arrêter de percevoir ce qui nous entoure d'un œil sombre et triste. Voyons plutôt tout ce qu'il y a de beau ! Notre univers fourmille de gens extraordinaires, bouillonne d'idées plus novatrices les unes que les autres et se transforme au rythme de technologies de plus en plus poussées. Vive le progrès et la diversité !

Mes aspirations et mes rêves

Par tempérament, je ne me contenterai jamais de peu. Pour réaliser de grands rêves, il faut viser haut, et je n'ai aucun problème avec ça. Rien n'est impossible pour moi. Je sais que je saurai parfaitement jongler entre mes passions, ma carrière, ma famille et mes amitiés. Et je ne passerai pas inaperçue, garanti!

Où je me vois dans 15 ans?

- J'aurai créé ma propre ligne de vêtements.
- J'aurai fait plusieurs fois la couverture de magazines prestigieux.
- Je serai une référence incontournable dans le milieu de la mode.
- J'habiterai à Paris.

La Lion

Date : Du 23 juillet au 22 août

Jour : Dimanche

Élément : Feu

Forces : Générosité et optimisme

Faiblesses : Orgueil et vanité

Maison : Cinquième

Planète : Soleil

Saison : Été

Couleur : Rouge

Pierre précieuse : Péridot

Fleur : Glaïeul

Villes et pays : Rome, Las Vegas, Espagne, Sicile

Le caractère Lion : Créative, charitable, vantarde, forte, curieuse, têtue et rancunière

Devise : Qui m'aime me suive.

Quelques Lions connus

Ben Affleck, acteur hollywoodien, grand copain de Matt Damon

Marc Dupré, chanteur et imitateur québécois

René Lévesque, grand politicien idéaliste québécois

Alfred Hitchcock, cinéaste lugubre

Jennifer Lopez, artiste latino-américaine aux multiples talents

Charlize Theron, actrice sud-africaine à la beauté envoûtante

Sandra Bullock, actrice américaine qui ne chôme pas

Harry Potter, sauveur du monde des sorciers

Barack Obama
4 août

Madonna
16 août

Signification de chaque ascendant* pour la Lion

Si tu as un ascendant Bélier

Un signe de Feu auquel on ajoute du feu... Hum! A-t-on besoin d'ajouter que tu brilles et que tu dégages une forte énergie? En fait, tu débordes d'ambition, d'enthousiasme et de magnétisme. Rien ne te résiste. Tu es si habituée de tout obtenir ce que tu désires que tu es dévorée par l'impatience. Une chose à la fois, ma chérie!

Si tu as un ascendant Taureau

Ta chance toute naturelle, doublée de ton amour de l'argent, te garantit presque une belle réussite financière. Fais seulement attention à ne pas en faire ta seule préoccupation. Consumée par le besoin de toujours passer à l'action, tu agis souvent sur l'impulsion du moment. Tâche de réfléchir un peu; tu éviteras quelques gaffes.

Si tu as un ascendant Gémeaux

Tu réussis tout ce que tu entreprends, dans la mesure où tu es bien entourée. Contrairement à bien des Lions, tu as besoin de rassembler des gens autour de toi, et ces derniers ont une influence considérable sur tes pensées et tes actions. Cette combinaison stellaire te confère sans doute un charme désarmant.

Si tu as un ascendant Cancer

C'est bien triste à dire, mais tu es certainement la moins chanceuse des Lions. En fait, tu brilles autant que les autres, mais ta peur de l'échec te fait reculer au lieu de foncer. Ton esprit créateur est toutefois mis à profit par ta grande sensibilité et ton imagination démesurée.

Si tu as un ascendant Lion

Oh là là ! Chez toi, pas de zones grises ! En fait, ce n'est ni noir ni blanc non plus, mais plutôt rouge et or ! Tu as une personnalité puissante, affirmée, imposante et flamboyante. Ta franchise est tellement intense qu'elle peut friser la méchanceté. Tout chez toi est susceptible de tomber dans l'excès. Un peu de retenue, votre altesse !

Si tu as un ascendant Vierge

Voilà une redoutable combinaison ! Le côté posé de la Vierge tempère la grandeur de la Lion, mais la détermination est alors mise au profit de l'organisation. La Lion-Vierge est capable de mener à terme n'importe quel projet, avec un succès retentissant. Il n'y a que côté cœur qu'elle est plus hésitante. Si seulement elle pouvait avoir la même confiance en amour qu'en affaires...

* Consulte le tableau aux pages 20 et 21 pour découvrir ton ascendant.

Si tu as un ascendant Balance

Quelle belle personnalité tu as ! Tu sais mettre les gens à l'aise et tu te fais facilement des amis. Tu voues un amour sans borne à tout ce qui est beau et luxueux. Tu ne tolères rien d'ordinaire. Tu es généralement très heureuse quand tu es en couple, car tu adores être aimée et cajolée.

Si tu as un ascendant Scorpion

Voilà un duo signe-ascendant qui fait frémir ! Ta puissance et ton aura de « danger » te précèdent et, si tu es bien honnête, tu prends plaisir à imposer cette idée. Dans les faits, tu es bien moins mesquine que ce que cette combinaison laisse croire, mais ton côté secret alimente l'illusion. Pour être heureuse, tu as besoin de vivre des aventures et de ruer dans les brancards.

Si tu as un ascendant Sagittaire

Active et aventureuse, tu adores les voyages. Tu aimes découvrir, explorer des contrées inconnues. Cela dit, quand tu connais quelque chose, tu aimes bien répéter à qui veut l'entendre à quel point tu en sais sur le sujet. Ne t'enfle pas trop la tête, madame je-sais-tout !

Si tu as un ascendant Capricorne

Responsable, posée et mature, tu es aussi la plus courageuse des Lions. Tu n'hésiteras jamais à aider une amie dans le besoin, prenant tout son fardeau sur tes épaules. Ton ambition est plus calculée que passionnée; tes intérêts sont nombreux, mais profonds, et ils concourent tous à la réalisation des buts que tu t'es fixés.

Si tu as un ascendant Verseau

Excentrique, rebelle et narcissique, tu es un être de contradictions. Ta nature te pousse vers un certain égocentrisme, alors que tes intérêts font en sorte que tu as besoin des autres pour avancer. Tu ne fais rien comme les autres et ton grand esprit de compétition est le principal moteur de tes actions.

Si tu as un ascendant Poissons

Si la Lion est idéaliste et passionnée, la Lion-Poissons est carrément rêveuse et inspirée. Intuitive, émotive et nostalgique, tu es portée par de grands élans irréfléchis, ce qui te rend parfois un peu irresponsable et inconséquente. Tes défis ? Rigueur, décision et réalisme.

Dans la tête d'une Lion

« Je suis belle, je suis bonne,
je suis capable. Tu ne trouves pas ? »

Les signes avec lesquels j'ai le PLUS d'atomes crochus

Sabrina

Poissons, pourquoi ?

- Nous avons des tempéraments complémentaires
- Avec elle, mes petits défauts sont moins évidents
- Nous adorons nous parler et échanger

Leila

Bélier, pourquoi ?

- Nous sommes assez semblables pour nous comprendre et assez différentes pour nous apprécier
- Nous sommes toutes les deux fidèles en amitié
- Nous ne nous laissons pas arrêter par les obstacles

Momoko

Gémeaux, pourquoi ?

- Nous nous aimons tout naturellement
- Nous n'avons pas d'attentes l'une par rapport à l'autre
- Nous aimons faire la fête et nous amuser

Les signes avec lesquels j'ai le MOINS d'atomes crochus

Paloma

Capricorne, pourquoi ?

- La Capricorne est trop pessimiste à mon goût
- Mon idéalisme l'enrage
- Elle est trop sérieuse et ne voit que mes défauts

Keera

Scorpion, pourquoi ?

- Nous n'avons pas grand-chose en commun
- La Scorpion est mystérieuse, et ça me choque
- Nous sommes capables de bien s'entendre, mais nous ne nous ferons jamais de confidences

Brigit

Taureau, pourquoi ?

- Nous sommes toutes les deux superficielles, mais pas au même niveau
- Nous nous disputons tout le temps
- La Taureau me trouve vraiment trop prétentieuse

La Lion, plus que quiconque, se connaît très bien. Elle est donc très consciente de ses forces (et elle aime bien nous les rappeler), mais elle connaît aussi ses faiblesses (même si elle essaie de les dissimuler ou de nous les faire oublier). La force et la puissance de la Lion transparaissent dans tous les aspects de sa personnalité et font en sorte que, chez elle, il n'y a pas de demi-mesures. Ses choix de vie et les valeurs qu'elle chérit détermineront si elle est davantage une gentille et mignonne lionne en peluche ou une redoutable et cruelle reine de la jungle.

Être Lion au jour le jour

La Lion en famille

Alors que le monde extérieur est la scène où elle aime se pavaner, la maison est, pour la Lion, le seul endroit où elle peut laisser tomber sa façade bravache et être complètement elle-même. Elle s'y sent accueillie, comprise et aimée. Et c'est tout ce dont elle a besoin. En famille, plus rien n'est trivial ni superficiel. C'est là qu'elle peut recharger ses batteries avant de repartir à la conquête de ses idéaux.

Cela dit, si elle est la reine à l'extérieur, elle n'en est pas moins une petite princesse à la maison. Même si elle a plusieurs frères et sœurs, la Lion se sent unique… et n'hésite pas à faire les caprices qui vont généralement de pair avec ce statut. La Lion veut non seulement qu'on prenne soin d'elle, mais elle veut qu'on la respecte. Elle veut pouvoir donner son opinion; elle veut être entendue. Au-delà de ça, ses parents sont sans doute continuellement impressionnés et fiers de leur petite lionne. En effet, sa vivacité et sa force de rassembleuse sont précieuses au sein de la cellule familiale.

La Lion en amitié

La Lion, comme le soleil qui régit son signe, réchauffe les cœurs et attire le bonheur. Oui, la Lion est l'amie la plus fiable du zodiaque. Son besoin d'être reconnue et aimée la pousse à être constamment entourée. Elle déteste être seule. Les choses sont bien faites, car son charme lui vaut un grand cercle d'amies, mais chacune d'entre elles est choyée. La Lion est chaleureuse, dynamique, à l'écoute et ultra-généreuse (si elle peut se le permettre, elle n'hésite jamais à offrir à ses amies des petits cadeaux, sans autre raison que pour faire plaisir).

Avec elle, ses amies savent à quoi s'attendre. Elle n'est pas compliquée, elle sait ce qu'elle veut et qui elle est. Elle est joyeuse et sait toujours trouver le positif dans chaque situation. La seule chose à laquelle elle doit faire attention, c'est son excès d'orgueil et de vantardise. C'est qu'elle peut être grognonne, la Lion !

La Lion en amour

Sans faire le moindre effort, la Lion sait faire tourner les têtes. Est-ce sa crinière de feu qui lui vaut toute cette attention ? Elle a sans doute une beauté physique toute flamboyante, mais c'est particulièrement sa personnalité pétillante qui lui attire la faveur des garçons.

Généreuse et affectueuse, la Lion est une amoureuse exceptionnelle. Elle adore être admirée et séduite, mais une fois conquise, elle le rend bien à son chéri. En plus, sa passion fulgurante et son amour du drame transforment le quotidien en une aventure de chaque instant. Une chose est certaine, on ne s'ennuie pas avec elle ! La Lion aime étonner, surprendre et gâter. Son amoureux se sent sûrement chanceux, protégé et comblé.

De son côté, la Lion ne choisit pas à la légère à qui elle donne son cœur. Puisque, pour elle, l'image est hyper importante, elle veut être vue au bras du plus beau, du plus intelligent, du plus populaire… et rien de moins. Oui, pour elle, la notion de prestige va jusque-là ! On l'a dit et redit, la Lion donne énormément, mais elle exige beaucoup en retour !

La Lion à l'école

La Lion, volontaire, ambitieuse, courageuse et confiante, a tout ce qu'il faut pour réussir à l'école. À ces qualités s'ajoute son charme ravageur qui lui donne la faveur des professeurs et la cote de popularité auprès des autres élèves. Que demander de plus ? Peut-être un peu plus de constance dans les efforts investis. Si la Lion, princesse de la jungle, tente d'imposer sa royauté dans son cercle d'amis davantage qu'elle ne travaille pour réussir ses examens, elle pourrait rencontrer quelques obstacles sur son parcours scolaire.

Mais, comme elle est vive, intelligente et active, elle a souvent suffisamment de jugement et d'orgueil pour mener avec brio sa carrière d'étudiante. Et, comme le mot « doute » ne semble pas faire partie de son vocabulaire, elle fonce !

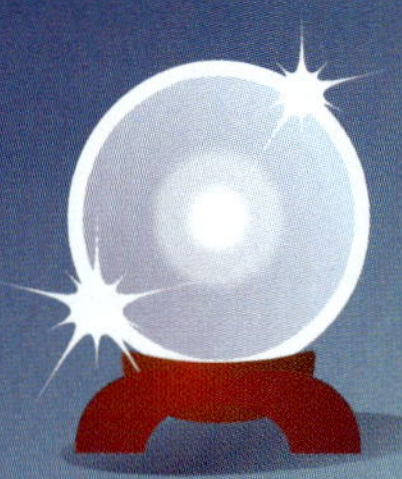

Boule de cristal, quelques prédictions...

Lis ce qui suit pour découvrir ce que le ciel te réserve... mais rappelle-toi toujours que les vraies prédictions, c'est ton cœur qui te les dicte et tu as toujours le choix d'influencer le cours de ton destin !

En amour

Selon certains préceptes astrologiques, le signe du Lion est associé au cœur. Et ce n'est sans doute pas pour rien. La Lion au grand cœur est faite pour aimer et le ciel lui prédit un bonheur infini, alimenté d'une belle chaleur au quotidien. Le feu de la Lion illuminera ses relations. Elle devra simplement faire attention à ne pas laisser sa fierté la consumer.

Amours d'ado : La jeune Lion mettra tout en œuvre pour user de ses armes de séduction. Elle carburera tant à l'attention, qu'elle risque d'être plutôt infidèle, histoire de renouveler constamment l'adoration que lui vouent ses prétendants.

Jeune adulte : Jonglant avec la frivolité de l'adolescence et les nouvelles passions qu'elle découvre, la Lion devra faire attention aux excès de jalousie et de possessivité qui la dévoreront. Elle voudrait 15 amoureux, à elle seule, tous en même temps. Elle devra faire attention, car ce serait là un bien grand manque de respect pour eux... et pour elle.

Vie de famille : Sincère, intègre et généreuse, si la Lion trouve un partenaire qui n'a pas peur de ses fantaisies et de ses aventures, elle sera loyale, farouchement amoureuse et profondément heureuse pendant de longues années.

Copains de choix :

Côté cœur, quels sont les signes avec lesquels j'ai le plus d'affinités :

- Balance : romantique et épicurien
- Sagittaire : complice et optimiste
- Vierge : intelligent et loyal

En vacances

Pour la Lion dynamique, curieuse et aventurière, toutes les raisons seront bonnes pour partir. Rien ne sera ni trop beau, ni trop grand, ni trop loin. La Lion voudra tout voir, tout connaître et tout visiter. Cependant, elle devra toujours pouvoir se permettre un certain confort en voyage. On pourrait même soupçonner que son grand esprit d'aventure cache plutôt un insatiable besoin de bouger, mais aussi l'envie de pouvoir se vanter d'avoir parcouru tant de contrées.

En tout temps, la reine solaire privilégiera les endroits où il fait chaud, où son astre chéri brille de tous ses feux. Elle aura autant de plaisir à débusquer des coins perdus qu'à se faire dorer sur la plage pendant des heures. L'important, pour elle, sera d'être bien et de pouvoir tirer profit de ses voyages, que ce soit en matière de repos, de connaissances ou d'avancement pour ses affaires.

Partenaires hors pair

Côté tourisme, quels sont les signes avec lesquels j'aurai le plus de plaisir à voyager ?

- La **Sagittaire** pour ses envies similaires
- La **Bélier** qui ne se laisse jamais arrêter

En amitié

En amitié, les qualités de la Lion seront toujours au service de ses relations. En effet, tout au long de sa vie, la Lion fera toujours preuve de compassion et sera toujours aussi généreuse, de son temps comme de ses ressources. Cela dit, à moins qu'une bienheureuse sagesse nouvellement acquise l'en empêche, la Lion pourrait développer l'envie de jouer les héros. Elle voudra montrer à tous et chacun qu'elle peut soutenir tout sur ses épaules. Elle devra donc faire très attention à ne pas s'oublier dans ces souffles de grandeur d'âme (parfois pas si nobles).

Dans toutes les sphères de sa vie, elle s'associera avec les gens par favoritisme ou parce qu'elle pense faire une bonne affaire. Elle voudra être là où elle a le plus de chance de briller. Inversement, la Lion aura toujours beaucoup de difficulté à cerner les gens. Elle n'aura donc pas le flair pour voir venir les opportunistes. Cela dit, si quelqu'un ose profiter du grand cœur de la Lion, celle-ci rugira et ne s'y fera pas prendre deux fois.

Par contre, avec ses vraies amies, la Lion donnera sans compter et aura même tendance à en faire trop pour s'attirer la gratitude de ses copines. En ce sens, elle devra faire attention à ses élans de générosité spontanée. Elle sera constamment déçue si elle n'est pas remerciée à ce qu'elle considère être sa juste valeur. Malgré toutes ces considérations, une chose demeure : la Lion aura l'authenticité et la loyauté nécessaires pour garder ses amies auprès d'elle pendant de longues années.

En famille

La reine de la jungle sera aussi la reine du foyer. Matriarche par excellence, la Lion a tout ce qu'il faut pour devenir la plus douce des mamans, si c'est ce qu'elle souhaite. Comme elle a toutes les qualités nécessaires pour conjuguer adroitement sa vie familiale avec sa carrière, la Lion ne manquera pas de ressources pour « faire rouler » sa maison de main de maître.

Profondément attachée à ses valeurs familiales, elle veillera au bien-être de tous. Elle ne reculera devant rien pour s'assurer que tout son petit monde se porte bien. À ses yeux, le bonheur de ses proches sera la preuve de ses qualités de femme, de fille et de mère. Elle devra faire attention à ne pas trop se mettre de pression, la Lion ! Elle n'aura pas besoin de faire tout ça pour être aimée. Sa seule présence auprès des siens suffira à faire de sa vie familiale une histoire à succès.

Au boulot

Dotée de la clé du succès, la Lion réussira tout ce qu'elle entreprendra. Sa générosité et sa bienveillance lui ouvriront toutes grandes les portes des métiers où il faut prendre soin des autres, alors que sa magnanimité la prédispose pour les postes au pouvoir. Pour cette fauve aux talents multiples, les possibilités sont infinies !

Si elle fait son chemin dans les arts

Dans les arts, toutes les sphères qui font appel à son goût pour l'exubérance et son sens du spectacle lui seront favorables. Elle ferait aussi une excellente gérante d'artistes, amenant ses protégés à constamment se dépasser. Le domaine de la communication est aussi fait sur mesure pour elle.

Si elle privilégie les affaires

Elle a le flair qu'il faut pour exceller dans le développement des affaires et la fougue nécessaire pour monter les échelons jusqu'au sommet. Si elle démarre sa propre entreprise, son succès est presque assuré.

Si elle devient une professionnelle

Sa passion et ses talents de discoureuse feraient d'elle une bonne avocate; sa grandeur et sa prestance feraient d'elle une bonne juge. Le domaine de l'éducation est aussi tout indiqué, alors que c'est son don de soi et son envie de transmettre ses connaissances qui seront interpellés.

Si elle choisit un métier technique

Peu de Lions choisiront cette avenue où il manque d'effervescence et où les occasions de briller sont plus rares.

Quel sera son style

Comme la première impression est capitale à ses yeux, la Lion fera toujours le petit pas de plus, l'effort supplémentaire pour être à son meilleur. Beaucoup de Lions mettront des heures à se préparer avant de sortir.

Reine de la mode comme de tout, la Lion, qui n'a pas froid aux yeux, n'aura aucun scrupule à définir des tendances. Ce qui est beau et bon pour elle le sera pour les autres. Elle portera des choses qui pourraient en intimider plus d'une. Elle saura toujours comment imposer son style et le faire adopter par ses copines. La Lion, elle l'a. Tout simplement.

Généralement, elle privilégiera les couleurs chaudes, comme le rouge, le jaune ou le doré pour mettre en valeur sa personnalité éclatante.

Elle saura toujours se mettre en valeur grâce au choix de ses vêtements. Allure, mordant, classe, et j'en passe !

Les qualités de mes défauts ;o)

1. Expressive	⟷	1. Ostentatoire
2. Curieuse	⟷	2. Fouine
3. Enthousiaste	⟷	3. Extravagante
4. Séductrice	⟷	4. Manipulatrice
5. Ferme	⟷	5. Intolérante
6. Organisée	⟷	6. Stricte
7. Leader	⟷	7. Dominante

Questionnaire

Es-tu une vraie Lion ?

1. Les élections scolaires approchent. Tu...

a) Tu ne fais rien. En quoi ça te concerne ?

b) Tu commences tout de suite ta campagne. Tu seras élue présidente, et rien de moins. Au travail !

c) Tu t'affaires à penser à des slogans ingénieux. Ta meilleure amie se présente au poste de présidente. Tu veux qu'elle ait toutes les chances de son côté.

2. Tu fréquentes une école privée où l'uniforme est obligatoire. Une fois par année, lors d'une journée spéciale, tu as le droit de te vêtir comme tu le veux. Tu...

a) Tu mets ton uniforme quand même. Tu ne vas certainement pas participer à cette parade superficielle.

b) Tu choisis avec attention ton ensemble le plus éloquent. Non seulement il te va à ravir, mais en plus, les couleurs sont extra.

c) Tu appelles tes copines pour savoir ce qu'elles vont mettre. Tu ne veux surtout pas détonner.

3. Il y a un spectacle de fin d'année organisé à l'école. Tu...

a) Tu y assistes, parce que tu n'as pas le choix. Quelle torture !

b) Tu prépares un numéro avec tes meilleures amies. Tu élabores le calendrier des répétitions et tu assignes leur rôle à chacune pour que tout soit parfait. Ton groupe se nomme sans doute « [ton nom] et ses dudettes », ou quelque chose du genre.

c) Tu t'occupes des éclairages et des décors, mais tu ne fais pas de numéro. Plutôt mourir que d'être sur scène.

4. Première journée dans une nouvelle école. Tu...

a) Tu arrives tôt pour éviter les regards curieux. Tu t'assois au fond de la classe et tu fusilles du regard quiconque ose te dévisager.
b) Tu vas tout de suite te présenter en avant de la classe. Tu racontes d'où tu viens, ce que tu aimes et quel genre d'amis tu recherches.
c) Tu souris timidement ici et là. Tu rougis chaque fois que quelqu'un te regarde et tu pries pour que cette journée finisse au plus vite.

5. Parmi les expressions suivantes, laquelle te parle le plus ?

a) À chacun son métier et les chèvres seront bien gardées.
b) Toujours plus haut.
c) Jamais deux sans toi.

SI TU AS UNE MAJORITÉ DE A...
Tu es tellement indépendante que tu es presque hostile. Même si tu t'assouplissais un peu, tu ne serais toujours pas une Lion.

SI TU AS UNE MAJORITÉ DE B...
Pas de doute, chère féline, c'est le soleil qui brille sur ta vie. Tu es exigeante, sûre de toi, amicale et chaleureuse. Tu es Lion jusqu'au bout des doigts.

SI TU AS UNE MAJORITÉ DE C...
Timide et hésitante, tu sembles ne pouvoir te réaliser qu'à travers les autres. Fais-toi confiance, ma chérie. Ceci dit, tu n'as rien d'une Lion.

Le mot de Virginia

VIERGE

Ah, les filles ! On est toutes pareilles ! On aimerait tant avoir réponse à tout, pouvoir tout contrôler, être toujours en possession de tous nos moyens… Non ? C'est juste moi qui suis comme ça ?

À travers l'histoire, on a cherché des moyens de prédire l'avenir, d'expliquer les comportements, de comprendre les réactions des gens. C'est normal, on contrôle mieux ce que l'on nomme et ce que l'on classe par catégories. On a aussi une tendance naturelle à s'associer à nos semblables. Une réponse à toutes ces préoccupations ? Il y en a plusieurs ! Ici, on a cru bon te les livrer à travers l'astrologie.

Personnellement, je n'en suis pas mordue, mais je trouve ça tellement amusant de lire sur le sujet. C'est étonnant de se reconnaître dans les caractéristiques associées à son signe. Et si j'en crois ce qu'on en dit, moi, je suis Vierge jusqu'au bout des doigts ! Timide, mais observatrice, je semble difficile d'accès, mais je suis une amie fidèle et dévouée. Plus cérébrale que sportive, je trouve tout de même mon compte dans une foule d'activités, dont la lecture de ma carte du ciel ! Ha ! ha !

Sérieusement, je trouve fascinant de voir comment on arrive, par la position des planètes et des étoiles, à déterminer qu'un groupe isolé de personnes partagera des traits de caractère, des passions, des envies et des travers. Évidemment, à tout cela, s'ajoutent la culture, les valeurs familiales, le contexte social dans lequel on évolue, mais il reste que, dans ta vie, dans ton cercle d'amies, tu peux voir les tempéraments qui se complètent et s'opposent… et en trouver l'écho dans ces pages.

Bonne lecture !

Virginia

xx

Virginia

Surnom : Gini
Date de naissance : 22 septembre
Signe astrologique : Vierge

Quelque chose qu'il faut savoir à mon sujet :
j'ai un certain talent en cuisine.

Ce que j'apprécie le plus chez mes amies :
leur loyauté.

Mes principaux défauts :
je suis exigeante, critique, je remets tout en question et j'ai une forte tendance à la procrastination.

Mes principales qualités :
je suis fidèle, attentionnée, curieuse et je vais au bout de tout ce que je commence (souvent avec succès).

Mes occupations préférées :
lire, jouer du violon, faire de l'équitation.

Ce que je voudrais être :
historienne.

Ce que je déteste par-dessus tout :
l'incompétence, l'injustice et le fromage de chèvre.

Mes héros de la vie réelle :
mon père, mon prof de violon.

Mon héros fictif favori :
Superwoman.

La musique qui me fait vibrer :
la musique classique.

Mes films préférés :
les comédies romantiques et les drames historiques.

Ce que j'aime

- Mes amies
- Lire, bien installée dans mon hamac
- Écouter des séries télévisuelles
- Mon violon
- La crème glacée aux pistaches
- L'océan
- Les fruits de mer
- Les avocats (le fruit)
- Aller cueillir des pommes, puis faire un pique-nique sur une couverture avec du pain frais et du fromage qui fait couic-couic
- Nager
- Me coucher dans mon lit alors que je viens de changer les draps

Ce que je déteste

- La cruauté envers les animaux
- Une pièce bordélique
- Les gens qui font mal leur travail
- Les olives
- Changer le sac de poubelle
- Avoir des allergies
- Perdre du temps
- La noirceur
- Les imprévus
- Être choisie en dernier pour un sport d'équipe

Comment je vois le monde ?

De nature plutôt critique et analytique (on l'a bien assez dit !), je donne parfois l'impression d'être pessimiste à l'égard de ce qui m'entoure et ce qui m'attend. Pourtant, mon tempérament fait en sorte que je souhaiterais profondément voir en chacun ce qu'il y a de bien en premier, mais j'ai si peur d'être blessée ou flouée que je peux paraître sévère. Mon profond mépris de l'injustice fait en sorte que j'entrevois l'avenir avec un brin d'appréhension, mais mes élans romantiques me permettent d'alléger mes craintes et de garder espoir. Mon grand intérêt pour l'histoire m'a permis de beaucoup réfléchir sur la condition humaine et tout ça me laisse souvent songeuse quant à la place que nous occupons dans la vie. Bref, de bien grandes considérations ! Je devrais peut-être prendre une pause et éteindre mes pensées… Allez, juste 5 minutes !

Mes aspirations et mes rêves

À plus petite échelle, si je me centre sur mon petit moi, j'espère de bien grandes choses. Si ma perception du monde est plus ou moins rose, j'ai besoin de me convaincre que tout ira pour le mieux pour moi. De toute façon, dans la mesure où j'ai un but précis, je sais que j'ai ce qu'il faut pour mettre tout en œuvre pour réaliser mes rêves. Très conservatrice et traditionaliste dans les faits, mais émancipée en essence, j'ai des désirs de princesse : réussite, mariage romantique et jolis enfants. J'ai bien hâte de voir si tout ça va m'arriver !

Où je me vois dans 15 ans ?

- Je serai certainement mariée, avec 2 ou 3 enfants.
- J'habiterai dans une maison à la campagne, près d'une source d'eau.
- Je travaillerai comme prof d'histoire à l'université (à temps partiel).
- Je serai consultante pour une société d'histoire nationale.
- Je serai membre du conseil d'administration d'une association qui lutte contre la cruauté envers les animaux.
- Je donnerai des cours privés de violon à la maison.

Hum... Beau programme !
Allez, au boulot !

La Vierge

Date : du 23 août au 22 septembre

Jour : Mercredi

Élément : Terre

Forces : Intelligence, fidélité

Faiblesses : Intransigeance, inflexibilité

Maison : Sixième

Planète : Mercure

Saison : Été

Couleur : Bleu marine

Pierre précieuse : Saphir

Fleur : Aster

Villes et pays : Paris, Cape Cod, Angleterre, Nouvelle-Zélande

Le caractère Vierge : Méticuleuse, critique, sélective, analytique, attentionnée

Devise : Chaque chose à sa place et une place pour chaque chose.

Quelques Vierges connus

Mère Teresa, travailleuse humanitaire, inspiration pour des générations

Agatha Christie, romancière géniale

Cameron Diaz, actrice hollywoodienne au sourire fulgurant

Rupert Grint, timide rouquin, interprète de Ron Weasley, meilleur ami d'Harry Potter

Nick Jonas, le plus jeune des populaires frères Jonas

Travis Wall, danseur et chorégraphe super talentueux, découvert dans l'émission américaine *So You Think You Can Dance?* (*La fièvre de la danse*)

Louis XIV ou Roi-soleil, roi de France de 1643 jusqu'à sa mort, en 1715

Amy Winehouse, chanteuse britannique aux déboires célèbres et à la coiffe imposante

Beyoncé Knowles
4 septembre

Michael Jackson
29 août

Signification de chaque ascendant* pour la Vierge

Si tu as un ascendant Bélier

Tu es souvent plongée en pleine dualité. Ton côté Vierge te pousse vers la sécurité et le confort alors que le Bélier t'attire vers l'aventure. Cependant, cet ascendant est très bénéfique côté scolaire, car il favorise l'acuité intellectuelle et le sens des responsabilités.

Si tu as un ascendant Taureau

Tu as probablement la tête dure ! Tu cherches souvent à avoir raison et tu détestes être contredite. Tu as parfois de la difficulté à prendre des décisions. Tu es très terre-à-terre et tu ne te laisses pas emporter par tes passions.

Si tu as un ascendant Gémeaux

Tu as une bien grosse bulle ! Tu as besoin d'un petit cocon où tu te sens en sécurité, ce qui fait en sorte que tu manques un peu d'audace. Et s'il en est une qui a un esprit critique, c'est bien toi. Comme tu ne supportes pas de te tromper, tu te freines plus souvent qu'autrement dans tes élans. Mais tout cela fait de toi quelqu'un de sage et d'intègre.

Si tu as un ascendant Cancer

Tu es une bonne nature. Tu es si gentille que tu peux parfois sembler naïve, ce qui, à l'occasion, peut nuire à ton épanouissement. Tu es sans doute un peu trop émotive dans tes décisions. Côté relations, ta famille est ultra-importante pour toi.

Si tu as un ascendant Lion

Tu vacilles entre ton désir vital de briller et ton sens inné du devoir. Tu dois donc faire ta marque par ton efficacité et ton dévouement. L'aide des autres t'est précieuse. Tu es un monstre de patience, mais tu es plutôt réservée.

Si tu as un ascendant Vierge

Tu es un peu maniaque, non ? Tu as si peur de te tromper que tu t'enfermes dans une sécurité sans faille. Cela dit, cela fait de toi quelqu'un de redoutablement efficace. Tu as toutefois un peu de mal à t'extérioriser. Exprime-toi !

* Consulte le tableau aux pages 20 et 21 pour découvrir ton ascendant.

Si tu as un ascendant Balance

Tu es une fille des plus charmantes, mais tu n'es pas une battante. Tu es très à l'écoute des autres, tu es très dévouée et toujours prête à aider. Tu es douce et posée, romantique et discrète. Un peu de folie, peut-être ?

Si tu as un ascendant Scorpion

Tu es courageuse… en apparence ! Non, tu es sincèrement brave, mais tu gardes toujours un petit fond d'angoisse qui peut parfois te rendre un peu agressive. Tu es sans doute la plus fidèle des Vierges et tu défendras tes amies, toutes griffes sorties. Côté cœur, gare aux excès de jalousie !

Si tu as un ascendant Sagittaire

Tu es partagée entre la sécurité et l'aventure. Par contre, quand quelque chose te passionne, tu t'y dévoues corps et âme et tu en retires un succès fulgurant. La notion de famille est très importante à tes yeux.

Si tu as un ascendant Capricorne

Tu es la moins stressée des Vierges. Tu as tout le temps devant toi et rien ne semble te presser. Tu es très observatrice, mais, d'un autre côté, tu as tendance à accorder trop d'importance aux menus détails. En amour, tu es une fille très réfléchie. Tu ne tomberas pas dans les bras du premier venu, garanti !

Si tu as un ascendant Verseau

Tu es très réaliste et surtout très altruiste. Ton dévouement est remarquable. Ce dernier met aussi en valeur ton grand talent pour la recherche. Dans les relations, tu es un peu plus maladroite. Afin d'éviter d'être trop souvent déçue, essaie donc de ne pas t'enticher du gars le plus inaccessible !

Si tu as un ascendant Poissons

Tu fais tout en ton pouvoir pour que les gens qui t'entourent soient heureux… un peu à ton détriment, d'ailleurs. Tu dois savoir que le bonheur n'est pas seulement possible grâce à des sacrifices. Cela dit, tout ça te rend très facile à vivre. Tu es comme ça; tu aimes que ce soit simple et sans chichis.

Dans la tête d'une Vierge

Les signes avec lesquels j'ai le PLUS d'atomes crochus

Brigit

Taureau, pourquoi ?

- Nous avons toutes les deux besoin d'un certain confort
- Nous partageons un goût commun pour l'art et les belles choses
- Nous aimons bien, à l'occasion, nous mettre belles et jouer les mondaines

Paloma

Capricorne, pourquoi ?

- Notre amitié est à toute épreuve !
- Notre loyauté fait de nous des confidentes hors pair l'une pour l'autre
- La Capricorne me rassure et m'aide à calmer mes angoisses

Éloïse

Sagittaire, pourquoi ?

- Je ne sais pas pourquoi, mais nous ne nous tapons jamais sur les nerfs !
- Toutes les deux, c'est pour la vie
- La Sagittaire me dynamise, alors que, moi, je peux (subtilement) lui donner quelques leçons de vie

Les signes avec lesquels j'ai le MOINS d'atomes crochus

Clothilde

Lion, pourquoi ?

- Nous nous respectons, mais nous n'avons pas grand-chose à nous dire, en fin de compte
- Nous ne pouvons nous confier aucun grand secret
- La Lion est trop fonceuse pour moi qui suis si timide

Keera

Scorpion, pourquoi ?

- Nous sommes toutes les deux trop sensibles
- Nous avons une relation correcte, mais sans plus
- Nous n'avons surtout pas la même conception des choses

Sabrina

Poissons, pourquoi ?

- Nous n'avons pas du tout le même rythme de vie (elle me trouve probablement plate)
- Nous sommes toutes les deux au-dessus de nos affaires, mais ça ne nous rapproche pas, au contraire...

Parfois coquine et insouciante, mais parfois sévère et sage, la Vierge reste difficile à cerner. Alors qu'elle se remet constamment en question et doute souvent de ses faits et gestes, les autres semblent lui vouer une confiance aveugle. Grâce à son côté logique et pratique, la Vierge est la personne ressource vers laquelle on se tourne pour avoir des réponses. Elle est fondamentalement fiable.

Être Vierge au jour le jour

La Vierge en famille

Plus secrète que démonstrative, la Vierge peut parfois sembler à l'écart. Pourtant, c'est une grande émotive qui ne désire que trouver sa place dans son clan. En famille, la Vierge se sent parfois incomprise et croit souvent (à tort, bien sûr), ne pas être à la hauteur des attentes de ses proches.

Si elle est l'aînée de la famille, la Vierge s'octroie sans doute un rôle de chef, de modèle pour ses frères et sœurs plus jeunes. Si elle est la benjamine, elle a plutôt tendance à s'effacer et elle trouve le moyen de se valoriser dans des domaines plus concrets, comme l'école, par exemple. Généreuse, elle partage facilement avec ses frères et sœurs. Mais ceux-ci ont intérêt à lui rendre ce qu'ils ont emprunté dans son état initial ! Plus sérieusement, la Vierge, malgré tous ses doutes, est une personne de confiance. Elle ferait tout, littéralement tout, pour alléger le fardeau des personnes qu'elle aime.

La Vierge en amitié

Pour la Vierge, l'amitié est hyper importante. Elle a besoin d'amis stimulants intellectuellement, elle a besoin d'être épaulée, et elle a surtout besoin de se reconnaître chez l'autre. Observatrice, elle arrive à bien deviner les gens, à les comprendre et à s'en faire des alliés. Bien qu'introvertie, elle est tout de même sociable et très ouverte, ce qui la rend d'agréable compagnie... quand on la connaît bien. Comme elle est plutôt de nature réservée, elle peut sembler inaccessible à première vue. La Vierge est très bonne pour faire de l'introspection, ce qui fait qu'elle se connaît assez bien. Grande timide, elle donne alors l'impression d'être au-dessus de ses affaires et hautaine. Pourtant, c'est tout le contraire. La Vierge est une amie chaleureuse et à l'écoute.

Son côté analytique et sélectif peut la rendre un peu moralisatrice avec ses amies. Certaines la trouvent même sévère. Mais au fond, la Vierge déborde de sollicitude pour ses proches, et si elle fait tant de commentaires (qui peuvent avoir l'air de reproches), c'est pour leur bien !

Tantôt sage, tantôt tannante, la Vierge est une bonne alliée dans une foule d'activités. Son côté pratique est bien apprécié dans l'organisation d'événements et de fêtes. Sans oublier que, quand elle s'implique, elle va toujours au bout de ce qu'elle a commencé.

La Vierge en amour

En amour, la Vierge est l'une des filles les plus fidèles. Et parfois, l'une des plus jalouses ! Sincère et intègre, elle possède un charme ultra-féminin et discret. Souvent, elle séduit sans s'en rendre compte.

Difficile d'approche, elle ne se laissera pas charmer facilement. La Vierge est trop cérébrale. Elle tombe en amour avec sa tête. Elle analyse et dissèque chacun des aspects d'une éventuelle relation, ce qui a pour effet d'en décourager plus d'un. De plus, comme elle a une peur bleue d'être blessée, la Vierge tente, dès les premiers instants, de trouver ce qui ne va pas chez l'autre. Elle ne veut pas de surprises, alors elle décortique pour trouver le bobo au lieu de chercher ce qui la fera succomber. Mais heureux sera celui qui lui fera baisser ses défenses. Il sera comblé ! Une fois apprivoisée, la Vierge est une amoureuse dévouée, une grande romantique qui déborde de passion.

La Vierge à l'école

L'école, c'est sa force ! Disciplinée et intelligente (mais surtout fière et perfectionniste), la Vierge est dans son élément à l'école. De nature curieuse, elle aime apprendre et se mettre au défi. Toujours hantée par le désir de bien faire, certaines Vierges sont démesurément angoissées à l'approche des examens, mais... si elles sont vraiment honnêtes, elles ne doutent pas une seconde qu'elles ont tout pour réussir. Hein, les filles ? Et cessez de dire que vous avez peur de ne pas passer... c'est agaçant, à la fin ! ;-)

Vouée à la réussite, la Vierge est une touche-à-tout, mais elle a un talent naturel pour la musique. Méthodique et ordonnée, elle a toutefois tendance à apprendre davantage par l'expérience et la pratique que par le « bourrage de crâne ».

Boule de cristal, quelques prédictions...

Lis ce qui suit pour découvrir ce que le ciel te réserve... mais rappelle-toi toujours que les vraies prédictions, c'est ton cœur qui te les dicte et tu as toujours le choix d'influencer le cours de ton destin !

En amour

S'il en est une à qui l'on peut prédire une longue vie amoureuse monogame, c'est bien la Vierge. Elle ne s'attachera pas facilement, mais quand elle sera séduite et saura qu'elle est entre bonnes mains, elle sera bien prête à s'engager pour la vie.

Amours d'ado : Elle n'a pas trop le temps de s'y consacrer. Son désir de briller va de pair avec un désir de plaire, mais elle ne se laissera pas embobiner par le premier venu. Et ne se permettra aucune incartade qui pourrait entacher sa précieuse réputation. Secrètement, elle rêve toutefois d'être courtisée.

Jeune adulte : Si elle se laisse charmer, elle jonglera entre ses études, le début de sa carrière et le début de sa vie amoureuse avec brio. Cela dit, le chanceux aura intérêt à être prêt à la suivre dans ce tourbillon. Elle se dévouera sans retenue, mais à ses propres conditions. L'amoureux devra composer avec les mille et une autres choses à son programme. S'il tient le coup, il sera là pour rester.

Si elle tombe amoureuse et qu'on la laisse tomber, la blessure pourrait être telle qu'elle restera célibataire pendant un certain temps ou alors elle cumulera les rencontres de courte durée (bien qu'au fond, elle cherche exactement le contraire).

Vie de famille : Amoureuse et romantique, la Vierge cherchera la perle rare sans jamais baisser les bras. Il est écrit partout dans le ciel qu'elle est vouée à une longue et heureuse vie de couple.

Copains de choix :

Côté cœur, quels sont les signes avec lesquels j'ai le plus d'affinités :

- Taureau : fort et engageant
- Capricorne : intelligent et stimulant
- Cancer : gentil et attentionné

En vacances

Curieuse, la Vierge sera toujours animée du besoin de découvrir autre chose. C'est pourquoi son parcours sera sans doute ponctué de nombreux voyages. Elle en aura besoin pour décrocher, pour se changer les idées, pour donner une petite pause à son cerveau toujours en ébullition. Amoureuse de l'eau, elle va privilégier les destinations où elle peut la côtoyer. Elle aime aussi les destinations qui ont un passé historiquement riche. Elle sera attirée par les contrées des seigneurs, les châteaux sur les falaises et les grands musées. Épicurienne, elle sera aussi charmée par les destinations gourmandes.

Partenaires hors pair

Côté tourisme, quels sont les signes avec lesquels j'aurai le plus de plaisir à voyager ?

- Une autre **Vierge** pour notre curiosité commune
- Une **Sagittaire** pour son esprit ouvert

En amitié

Fidèle et loyale, la Vierge cultivera ses amitiés et en prendra grand soin. Cela dit, il se pourrait que ses plus grandes et solides amitiés se développent dans la vingtaine, alors qu'elle aura pleinement déterminé les valeurs qui dirigeront sa vie. Elle n'alimentera pas, par principe, une amitié avec une personne qui n'a pas ou n'a plus les mêmes idéaux qu'elle. Par contre, elle aura énormément de difficulté à se défaire des amitiés qui ne la satisfont plus.

Discrètement, elle tentera toujours d'obtenir des nouvelles de celles qui ont partagé de près son chemin pendant quelque temps.

Une fois en couple ou en famille, elle défendra farouchement le temps passé entre amies. Elle se réservera toujours du temps de qualité à leur consacrer. Elle conservera son propre cercle d'amies. La Vierge ne sera pas de celles qui s'accaparent les amis de son copain.

On la voit facilement, à 80 ans, prendre le thé ou se bercer sur la galerie avec ses mêmes amies qui l'ont suivie toute sa vie.

En famille

La Vierge est prédestinée à fonder une famille modèle, mais dans un contexte éclectique. On la voit loin d'une vie trop rangée, mais quand même encadrée d'une certaine routine. Elle fera son nid loin des secteurs trop conventionnels, où s'installent toutes les nouvelles familles. Selon son style de vie, elle s'installera soit à la campagne, soit dans un milieu très urbain et branché. Dans un cas comme dans l'autre, elle aura sans doute des animaux de compagnie.

Si elle choisit d'avoir des enfants, elle sera une maman très douce, mais avec des principes fermes. Un peu (beaucoup!) mère poule sur les bords, elle protégera sa progéniture contre vents et marées. Elle retirera une grande satisfaction dans le fait d'être mère... qui se prolongera dans ses qualités de grand-mère!

Bien que son tempérament la fasse douter de son instinct maternel, si elle désire avoir des enfants, elle atteindra un bonheur inégalé quand son petit nid sera complet. Elle sera une mère et une femme exemplaire... et comblée.

Au boulot

Dans tous les domaines de sa vie, la Vierge a un besoin de reconnaissance inouï. C'est pourquoi on pourrait la voir exceller dans les sphères publiques. Possédant un talent naturel pour la musique, elle peut aussi trouver son compte dans la littérature, l'écriture, le chant ou la danse. En fait, quel que soit son médium de prédilection, elle a la nécessité de s'exprimer, de se faire entendre. Persévérante, la Vierge ira jusqu'au bout de ses rêves… et surtout de son désir de briller. À petite ou à grande échelle, elle ne sera satisfaite que lorsqu'elle sera reconnue.

Si elle fait son chemin dans les arts

Elle est promise à une brillante carrière; elle a ce qu'il faut pour en vivre.

Si elle privilégie les affaires

Elle sera sans doute dans les hautes sphères et son nom sera synonyme de prestige; son côté analytique et méticuleux la rend redoutable comme femme d'affaires.

Si elle devient une professionnelle

Son désir du travail bien fait et son âme noble la rendent parfaite pour le domaine de la santé; elle est à l'écoute de l'autre, mais sait se protéger tout en étant empathique.

Si elle choisit un métier technique

Son côté pratique la servira bien dans ce domaine; vive et intelligente, elle aura de la facilité à apprendre par l'expérience.

Quel sera son style

Conventionnelle ? Pas vraiment. Ultra-branchée ? Surtout pas. La Vierge a un style très personnel. Elle refuse en bloc les tendances commerciales et souhaite plus que tout créer son propre style, selon l'humeur du moment. Caméléon, elle peut tout à fait arborer un look de rock star si le cœur lui en dit, alors que, le lendemain, on la verra porter une robe toute romantique, faite de voilages et d'imprimés discrets. Tantôt sage, tantôt coquine, une chose est certaine, aucun détail n'est laissé au hasard.

Dans sa vie professionnelle, la Vierge sera toujours habillée convenablement. Mais on ne doit pas se surprendre si, certains jours, on la voit soudainement vêtue d'un look vraiment tendance. La Vierge a un goût prononcé pour la mode, mais son côté sage l'empêche de renouveler sa garde-robe au goût du jour. Elle a aussi un don peu commun pour récupérer de vieux vêtements et les jumeler de façon qu'on croie qu'elle est toujours vêtue différemment. Si elle doit porter un uniforme, il est certain qu'elle y ajoutera sa touche personnelle, que ce soit par des bas farfelus ou un bijou unique.

Quand elle arbore un look, elle l'assume jusqu'au bout. Elle ne lésine pas sur les accessoires qui peuvent la mettre en valeur. Au-delà de tout ça, une chose est certaine, on ne la verra jamais habillée de la même façon deux fois dans une semaine !

Les qualités de mes défauts ;o)

1. Minutieuse ⟷ 1. Maniaque

2. À l'écoute de mes besoins ⟷ 2. Égoïste

3. Rationnelle ⟷ 3. Difficile à comprendre

4. Réfléchie ⟷ 4. Peu aventureuse

5. Posée et calme ⟷ 5. Inactive

6. Tenace ⟷ 6. Obstinée

7. Émotive ⟷ 7. Braillarde

Questionnaire
Es-tu une vraie Vierge ?

1. Quand tu écris un courriel à quelqu'un, avant de l'envoyer, tu...

a) Tu ne fais rien. Tu l'envoies et c'est tout. Il faut faire autre chose ?

b) Tu corriges les fautes d'orthographe et tu le relis 3 fois pour être certaine que rien ne porte à interprétation.

c) Tu effaces tout, tu le réécris au complet, puis tu l'effaces de nouveau. Qu'est-ce que tu veux dire, en fait ?

2. La veille d'un examen, tu...

a) Tu relaxes. Tu fais du yoga pour favoriser ta concentration. Tu as déjà bien assez étudié cette semaine.

b) Tu étudies compulsivement. Tu n'as rien fait jusqu'à hier, alors tu dois vraiment étudier. Tu dois ab-so-lu-ment revoir la section A. Tu vas couler, c'est clair. (Au fond, tu sais bien que non.)

c) Tu regardes la télé. Étudier ? Qu'est-ce que ça veut dire ? Ah, pas besoin !

3. Il y a une fête chez Maxime ce soir. Tu...

a) Tu y vas, c'est clair. Hugo, son meilleur ami, va être là. Tu as tellement hâte de lui parler !

b) Tu te changes 26 fois, tu te répètes sans cesse que tu ne connaîtras personne et que tu seras mortifiée, mais tu ne peux t'empêcher d'y aller. Il faut que tu y ailles pour voir Benoît, même si tu sais que tu ne lui parleras pas.

c) Tu n'y vas pas. Les fêtes de ce genre, c'est pour les divas.

4. Première journée dans une nouvelle école. Tu...

a) Tu vas tout de suite te présenter en avant de la classe. Tu racontes d'où tu viens, ce que tu aimes et quel genre d'amis tu recherches.

b) Tu gardes la tête haute en te frayant un chemin jusqu'à ta salle de cours. Tu souris, mais tu préfères ne parler à personne pour le moment. Tu observes les gens et tu écoutes subtilement les conversations. Tranquillement, tu te fais une idée de qui sera ta meilleure alliée.

c) Tu laisses les gens venir à toi. S'ils ne te parlent pas, ils ne savent pas ce qu'ils manquent.

5. Au cours de gym, pendant la partie de volley-ball, tu manques ton service et te retrouves le nez au sol. Tu souffres, mais tu...

a) Tu éclates de rire. Comme ça, les autres rient avec toi, et non pas de toi.

b) Tu es mortifiée, rouge comme une tomate, mais tu t'empresses de dire que tout va bien et tu termines ta phrase par un petit rire (un peu forcé, avoue !).

c) Tu pleures. Tu quittes le gymnase en courant avant que quiconque ait le temps de placer un commentaire.

SI TU AS UNE MAJORITÉ DE A...

Tu es bien dans ta peau, assez frondeuse et très sociable. Mais tu n'as rien d'une Vierge, désolée.

SI TU AS UNE MAJORITÉ DE B...

Pas de doute, championne, c'est Mercure qui dirige ton monde. Oui, tu es d'une grande intelligence, tu as une certaine confiance en toi, mais elle est sans cesse ébranlée, car tu remets tout en question. Chère Vierge, tu dois accepter l'imparfait et foncer. Lâche prise, tu verras comme ça fait du bien !

SI TU AS UNE MAJORITÉ DE C...

Timide ? Nonchalante ? Un brin au-dessus de tes affaires ? D'accord, peut-être. Mais ça ne fait pas de toi une Vierge.

Le mot de Margrit

BALANCE

BALANCE

Le zodiaque, hein ? C'est un peu ésotérique pour moi, tout ça ! Quand je regarde ça de plus près, on me dit que moi, la Balance, je devrais être lunatique et romantique.

Moi, ça ? Moi, la reine de l'organisation ? Je suis tout sauf lunatique. Je suis même attentive et j'ai un grand respect pour les consignes rigoureuses. Je me décrirais plutôt comme conventionnelle, réservée, organisée... Oui, il est vrai qu'au fond, je suis un peu sensible, mais on me verra rarement avoir de grands élans de romantisme ! Je dois quand même admettre qu'il n'y a pas d'erreur, pour mille et une autres raisons, je suis bien une Balance. Je suis douce, calme, généreuse, ambitieuse et aimable.

Mais, je suis aussi un tantinet manipulatrice quand je veux arriver à mes fins, et, surtout, je suis fière et susceptible ! Est-ce que ce sont les planètes qui ont décidé tout ça ? Certainement pas. La preuve : rien n'est absolu, puisque, moi, je suis une Balance attentive et réaliste. Ha ! ha ! Fais comme moi, essaie de trouver, dans ce guide, ce qui te ressemble et ce qui fait de toi la Balance la plus unique qui soit !

Amuse-toi bien !

Margrit xx

Margrit

Surnom : Marge
Date de naissance : 30 septembre
Signe astrologique : Balance

Quelque chose qu'il faut savoir à mon sujet :
je consigne absolument tout dans mon agenda.

Ce que j'apprécie le plus chez mes amies :
leur écoute et leur esprit critique.

Mes principaux défauts :
je suis indécise, orgueilleuse et sournoise.

Mes principales qualités :
je suis drôle, charmante, équitable et organisée.

Mes occupations préférées :
jouer au volley-ball, consigner les événements de la journée dans mon journal, faire du bénévolat.

Ce que je voudrais être :
chef d'entreprise.

Ce que je déteste par-dessus tout :
la méchanceté.

Mes héros de la vie réelle :
Madame Courchesne et ma grande sœur que j'admire énormément.

Mon héros fictif favori :
Madame Incroyable.

La musique qui me fait vibrer :
j'adore le jazz.

Mes films préférés :
les drames et les suspenses.

Ce que j'aime

- Mes amies
- Organiser des événements
- Les couchers de soleil
- Mon hamster, Gottfried
- La pâte d'amandes
- Faire des bilans
- Mon journal et mon agenda
- Aider les plus jeunes avec leurs devoirs
- Ma montre
- Faire une randonnée à la montagne

Ce que je déteste

- Les traîneries
- La violence
- Les anchois
- Le retard
- Les grossièretés
- La paresse
- Les files d'attente
- Perdre
- Les livres de science-fiction
- La réglisse noire

Comment je vois le monde ?

Sage et pragmatique, je suis très consciente de mon environnement. Je suis aussi très troublée de voir à quel point on prend peu soin de la planète. Mais les choses changent peu à peu. Les esprits se réveillent. Il était temps ! J'aime être à l'écoute; j'aime être disponible pour de grandes causes, pour les plus démunis aussi. J'essaie de faire mon possible, dans la mesure de mes moyens, pour mettre à profit mon temps efficacement pour un avenir meilleur pour tous.

Quand je vois ce qui se passe autour de moi, par contre, mes convictions altruistes et mes désirs de justice sont grandement ébranlés. Je pourrais tomber dans le pessimisme, mais j'ai ce qu'il faut de réalisme pour me rendre compte qu'au moins je sais que je fais ma part, à ma façon. Dans ma vie, j'espère être toujours en mesure de faire des choix qui, en plus de contribuer à mon avancement, auront un impact positif sur le monde qui m'entoure.

Mes aspirations et mes rêves

Oui, j'ai de grandes ambitions ! Je veux devenir chef d'entreprise, rien de moins. Je pense d'ailleurs que j'ai les qualités qu'il faut pour ça. Ce qui me manque côté leadership, je le récupère en talents relationnels. Je suis douée avec les gens et j'ai bien l'intention de mettre cette habileté au profit de mes rêves ! Le grand défi de ma vie à surmonter pour atteindre mes buts : mon indécision. Ma tendance à trop réfléchir avant d'agir me fait parfois manquer de belles occasions !

Où je me vois dans 15 ans ?

- Je serai PDG d'une grande entreprise.
- J'habiterai dans un bel appartement en ville et je serai propriétaire d'un chalet dans la montagne où je peux m'évader en famille ou entre amies le week-end.
- Je serai membre du conseil d'administration pour un organisme d'aide à l'environnement.
- Je serai responsable des collectes de fonds pour la banque alimentaire de mon quartier.

J'ai du pain sur la planche ! C'est bon, je suis assez organisée pour y arriver. Quand on parle de défis stimulants...

La Balance

Date : Du 23 septembre au 22 octobre

Jour : Vendredi

Élément : Air

Forces : Générosité, altruisme

Faiblesses : Indécision, snobisme

Maison : Septième

Planète : Vénus

Saison : Automne

Couleur : Fuchsia

Pierre précieuse : Opale

Fleur : Souci

Villes et pays : Berlin, Miami, Lausanne, Autriche, Canada

Le caractère Balance : Ordonnée, sage, dévouée, inégale, charmante, sournoisement manipulatrice

Devise : Chaque chose en son temps.

Quelques Balances connues

Gandhi, grand philanthrope indien

John Lennon, musicien mythique, membre le plus populaire des Beatles, décédé beaucoup trop jeune

Catherine Deneuve, grande actrice française à la beauté intemporelle

Ray Charles, musicien phénoménal au destin unique

Pavarotti, un des plus grands et impressionnants ténors du monde

Éric Lapointe, rockeur québécois

Gwyneth Paltrow, actrice américaine

Gilles Vigneault, grand poète et chansonnier québécois

Zac Efron, acteur-coqueluche américain

Gwen Stefani, chanteuse du groupe No Doubt, elle fait maintenant sa marque en solo

Marion Cotillard, actrice française devenue vedette en incarnant Piaf

Brigitte Bardot
28 septembre

Signification de chaque ascendant* pour la Balance

Si tu as un ascendant Bélier

Tu es Balance, tu es donc très tournée vers les autres, mais quand le Bélier s'en mêle, tu deviens presque dépendante des autres, surtout au point de vue matériel. Cet ascendant a, par contre, une excellente influence sur ta créativité et favorise ton côté communicateur. Côté cœur, tu deviens excessivement romantique, ce qui peut, à l'occasion, nuire à ton bon jugement.

Si tu as un ascendant Taureau

L'ascendant Taureau t'apporte un grand penchant pour les belles choses et les petits plaisirs, mais aussi une certaine tendance à la routine, ce qui peut freiner tes grands élans de partage et de communication. Cela dit, la combinaison Balance-Taureau te rend redoutablement chanceuse. Tellement que c'est presque frustrant pour tes proches.

Si tu as un ascendant Gémeaux

Toi, tu n'es pas compliquée... en apparence. Tu es habitée d'un certain besoin d'être appréciée qui peut te rendre méfiante, malgré tes airs de gentille fille. Tu es surtout très charmante. Tu carbures aux contacts humains. Tu possèdes un talent inouï pour tout réussir apparemment sans effort, mais tu laisses tomber rapidement ce qui ne t'intéresse pas.

Si tu as un ascendant Cancer

Spontanée, idéaliste et rêveuse, tu as une petite tendance à rester accrochée au passé, à l'enfance. Tu agis même parfois un peu en enfant gâtée, non? Tu as un cercle d'amis restreint, mais ultra-précieux. Gare à ton émotivité, car tu réagis souvent trop vite et tu t'emportes, pour ensuite le regretter.

Si tu as un ascendant Lion

Tu as une fulgurante confiance en toi, ce qui te rend séduisante, presque conquérante. Seulement, fais attention à ne pas sombrer dans l'égocentrisme. Ton goût du beau fait de toi quelqu'un de prédisposé à réussir dans les arts, la musique, la danse ou le chant. Tu as un besoin vital d'être entourée et aimée.

Si tu as un ascendant Vierge

Tu es si préoccupée par l'ordre et la propreté qu'on te croirait presque maniaque. Cela dit, ton sens pratique et analytique te sera très utile dans ta vie scolaire. Tu es serviable, polie et aimable, mais tu gardes toujours en tête tes propres intérêts. Tu es avant tout une grande sentimentale... et tu dois faire gaffe aux pièges amoureux!

* Consulte le tableau aux pages 20 et 21 pour découvrir ton ascendant.

Si tu as un ascendant Balance

Tu possèdes un charme et un charisme naturels. Tu as le don de répandre le bonheur autour de toi. Tu as un talent inné pour les relations humaines. Dans ta vie personnelle, tu vis beaucoup à travers l'autre et tu as une peur bleue d'être seule. Cette dualité, mêlée aux amours que tu vis avec passion, te rend un peu instable.

Si tu as un ascendant Scorpion

Tu es en constant déséquilibre entre ton besoin d'être aimée et tes convictions rigides et fermes. L'ascendant Scorpion t'apporte une belle détermination, une solide ambition, mais qui se bâtit à coups de remises en question, car tu es plutôt tourmentée. Tu es une amoureuse très entière, mais un tantinet jalouse.

Si tu as un ascendant Sagittaire

Tu as de la facilité à te faire des amies. Tu as aussi un constant besoin que ça bouge autour de toi. Tu atteindras toujours tes buts, car malgré ton côté désordonné apparent, tes pensées sont structurées dans tout ce mouvement. Le côté moins rose de ton besoin d'effervescence, c'est que tu cherches toujours le changement et la nouveauté dans tes amours. Au suivant !

Si tu as un ascendant Capricorne

Toi, tu es plutôt introvertie. Tes amies sont choisies, triées sur le volet et ne seront admises dans ton cercle que si elles sont profondément honnêtes et sincères. Dans la vie de tous les jours, tu es une excellente négociatrice, ce qui te rend imbattable dans la résolution de conflits. Côté cœur, ton attitude réservée te fait paraître un peu inaccessible. Laisse voir tes vraies couleurs !

Si tu as un ascendant Verseau

Tu es la plus posée des Balances. Tu ne te laisses pas affecter facilement. Très curieuse, tu es habitée par la soif d'apprendre, que ce soit par l'enseignement traditionnel ou par tes découvertes personnelles lors de voyages, par exemple. Tu seras d'ailleurs attirée par les personnes vives, intelligentes et très ouvertes d'esprit.

Si tu as un ascendant Poissons

Comme tu as de l'imagination ! À cause de ça, on te colle parfois la réputation d'être une grande parleuse... petite faiseuse. Cela dit, tu es hypersensible, mais pas très frondeuse, ce qui te rend très vulnérable aux mesquineries. Ta priorité ne sera pas dans le travail, mais dans tes relations. Tu retires beaucoup de satisfaction dans tes amitiés et dans tes liens avec ta famille.

Dans la tête d'une Balance

« C'est comme tu veux. »

Les signes avec lesquels j'ai le PLUS d'atomes crochus

Momoko

Gémeaux, pourquoi ?

- Nous nous apportons beaucoup l'une l'autre
- J'ai le don (et la patience) de rassurer la Gémeaux inquiète
- Nous avons toutes les deux beaucoup de plaisir à parler; nos conversations peuvent durer des heures !

Éloïse

Sagittaire, pourquoi ?

- Si nos signes sont incompatibles en amour, ils le sont en amitié; nous sommes complémentaires
- Mon côté sage rassure la Sagittaire impulsive
- Son côté fougueux met du piquant dans ma vie

Clothilde

Lion, pourquoi ?

- Nous avons une amitié très ancrée dans le présent
- Nous partageons le goût du beau et du bon
- La Lion me transmet un peu de son esprit aventureux

Les signes avec lesquels j'ai le MOINS d'atomes crochus

Sabrina

Poissons, pourquoi ?

- Entre nous, rien n'est limpide
- Nous ne nous faisons pas instinctivement confiance
- Nous avons toutes les deux des personnalités trop complexes; j'aime les choses simples

Yolanda

Cancer, pourquoi ?

- Si ça fonctionne, ce ne sera sans doute pas à long terme
- J'ai trop besoin de m'adapter pour lui plaire et je ne veux pas toujours faire des efforts
- La Cancer ne me trouve pas assez frivole à son goût. Et pourtant...

Paloma

Capricorne, pourquoi ?

- À première vue, nous sommes, toutes les deux, pas assez chaleureuses
- Nos tempéraments sont aux antipodes
- Bref, nous nous entendons, mais sans plus

La Balance, plus que quiconque, se définit à travers les réactions et les impressions des autres. Sa prédisposition à l'harmonie dans toutes choses la rend consciente de ses atouts, mais son besoin de plaire lui fait douter d'elle-même. Son humeur souvent changeante peut déconcerter ses amis et sa famille, mais son charme fait oublier nombre de ses caprices, qui ne sont en fait que de subtiles (ou pas) demandes d'attention. Le paradoxe de son tempérament se retrouve aussi dans son altruisme; oui, la Balance aime travailler pour le bien d'autrui, mais elle garde toujours en tête ses intérêts personnels.

Être Balance au jour le jour

La Balance en famille

Dans son désir de bonne entente, la Balance fonctionne très bien au sein d'une famille équilibrée. Facile à vivre, elle est appréciée pour sa générosité... tellement qu'un œil extérieur pourrait croire que ses frères et sœurs profitent d'elle. Mais il n'en est rien. La Balance sait toujours tirer profit de la situation, quelle qu'elle soit.
Dans une famille où l'atmosphère est plus tendue, la Balance joue souvent le rôle d'arbitre, afin de rétablir un climat de confiance, si essentiel à son bonheur.

Si la Balance est l'aînée de sa famille, elle peut avoir tendance à jouer les mamans avec ses frères et sœurs plus jeunes, à les surveiller et tenter de les organiser ! Si elle est la benjamine, ses frères et sœurs plus âgés sont alors plus que des modèles pour elle, ils sont de véritables mentors et leur parole est d'une importance capitale. Cela dit, qu'elle soit la plus jeune ou la plus âgée, la Balance a toujours besoin de faire de ses frères et sœurs ses alliés. De plus, elle n'hésite pas à faire valoir ses atouts pour obtenir l'approbation de ses parents dans toutes les sphères de sa vie.

La Balance en amitié

La Balance est une amie recherchée pour sa bonne humeur et son sens de l'humour parfois décapant. Conciliante, elle a horreur des conflits. Son sens aigu de la justice en fait une amie loyale, fidèle et équitable.

Cela dit, il lui arrive de nager en plein paradoxe, car elle a viscéralement besoin des autres, mais elle est aussi étrangement animée d'une grande soif d'indépendance. Autrement dit, elle doit savoir qu'elle peut compter sur quelques précieuses amitiés, mais n'aura pas de difficulté à faire valoir ses intérêts avant toute chose. Pourtant, altruiste, généreuse et à l'écoute, elle aime rendre service et faire du bien à ceux qu'elle aime. Rien ne la satisfait davantage que de gâter ses proches.

Parfois discrète et secrète (certains diront même un peu froide), la Balance possède un charme envoûtant qui sert bien son besoin d'être entourée. Elle n'aime pas vraiment la solitude, à moins que celle-ci ne soit choisie et désirée. Ses amies sont super importantes pour elle et leur opinion compte plus que tout au monde. Comme elle a besoin de peser le pour et le contre de chaque détail d'une situation avant de prendre une décision, la Balance n'hésitera pas à demander l'avis de ses copines avant d'aller de l'avant. Elle pourrait même aller jusqu'à écouter davantage les autres qu'elle-même !

La Balance en amour

Grande romantique, mais surtout grande amoureuse, la Balance est en constante quête du copain idéal. Sa grande sensibilité, parfois dissimulée sous une apparente force de caractère, lui confère un insatiable besoin d'amour. Et, sous ses airs indépendants, elle cache un grand besoin d'attention. Bien qu'elle puisse parfois avoir l'air réservée et timide, elle possède un indéniable côté espiègle et aime surprendre son amoureux.

Dotée d'un charme irrésistible, la Balance aime séduire. Cela dit, elle aime aussi se servir de ses charmes pour influencer sa douce moitié... à son insu, bien sûr! Elle se rassure en se disant qu'elle fait ça pour son bien. Attention, chère Balance! On ne peut pas changer les gens.

Son sens de la mesure la retient un peu sur la voie de la passion. La Balance, plus cérébrale, aura plus facilement une relation saine, équilibrée et de longue durée qu'une amourette enflammée.

La Balance à l'école

La Balance est animée d'un incontestable goût d'apprendre. Ses intérêts sont variés et elle réussit assez bien tout ce qu'elle entreprend. Par contre, elle peut parfois faire preuve d'inattention, ce qui l'empêche d'être au sommet de son potentiel intellectuel en classe.

La Balance est somme toute dotée d'un certain esprit de compétition qui l'empêche de se contenter de résultats « corrects ». Sa tendance à tout consigner et tout organiser est aussi très précieuse dans ses études. Un peu lunatique sur les bords, elle aurait beaucoup plus de mal à performer à l'école si elle n'était pas si disciplinée.

Elle a aussi une attirance pour les longues études. Sa soif de connaissances la motive alors dans la poursuite de ses buts.

Boule de cristal,
quelques prédictions...

Lis ce qui suit pour découvrir ce que le ciel te réserve... mais rappelle-toi toujours que les vraies prédictions, c'est ton cœur qui te les dicte et tu as toujours le choix d'influencer le cours de ton destin !

En amour

Mots-clés : Même si elle refuse de l'avouer, la Balance est la plupart du temps une grande romantique en perpétuel manque d'amour. Une chose est certaine, elle n'aura pas peur de l'engagement. Au contraire, elle pourra même paraître bien exigeante aux yeux de son chéri.

Amours d'ado : Grâce à son immense besoin de séduire (et ses méthodes de séduction plutôt efficaces), la Balance n'aura pas de difficulté à se faire des copains. Par contre, il serait surprenant que ces relations soient de longue durée. La Balance aura non seulement besoin de changement, elle aura surtout un criant besoin d'être aimée. Elle n'hésitera donc pas à laisser tomber une relation qui ne la satisfait pas, à condition qu'un autre beau jeune homme prenne le flambeau !

Jeune adulte : Alors qu'elle se définit en tant que jeune femme, la Balance aura besoin de se concrétiser à travers l'autre. Ses désirs de relations stables, d'échanges plus sérieux, commenceront à prendre forme. Même si elle est préoccupée avec ses études et ses choix de carrière, la jeune Balance poursuivra sans répit sa quête amoureuse.

Vie de famille : La hantise du conflit étant gravée dans son ADN, la Balance est tout à fait prédisposée à vivre une vie de couple ou une vie de famille tranquille et harmonieuse... parfois au détriment de ses propres besoins. C'est là où il faut être prudente, chère Balance. Un indice : l'amour et la présence de l'autre seront si importants dans la vie de la Balance que cette dernière verra son insatisfaction se transformer en malaises physiques si elle n'est pas parfaitement comblée.

Copains de choix :

Côté cœur, quels sont les signes avec lesquels j'ai le plus d'affinités :

- **Lion :** stimulant et attentionné
- **Bélier :** spontané et festif
- **Taureau :** fort et présent

En vacances

La Balance adore voyager, mais elle ne devra pas trop s'éloigner de sa zone de confort. Elle aimera les destinations où le luxe et les plaisirs lui permettront de découvrir une autre culture. Épicurienne jusqu'au bout des doigts, ses découvertes privilégiées seront sûrement gourmandes. Elle aura également plus d'agrément lors d'un voyage organisé où chaque activité est prévue à heure fixe. Cela rassurera son côté cartésien. Les voyages impulsifs, sac au dos, carte en main, sans savoir où le lendemain va la mener ? Très peu pour elle. Voyager en solo ? Jamais !

Partenaires hors pair

Côté tourisme, quels sont les signes avec lesquels j'aurai le plus de plaisir à voyager ?

- La **Gémeaux**, car nous ne nous ennuyons jamais ensemble
- La **Sagittaire**, pour son ouverture d'esprit et sa curiosité

En amitié

Comme la Balance se découvre et se définit beaucoup à travers ses relations, ses amies seront très importantes pour elle. Gentille et aimable, elle se fera des amies avec facilité, mais aura parfois de la difficulté à les garder longtemps.

L'important, pour la Balance, sera d'être entourée. Ici, maintenant. Elle sera donc moins encline que d'autres à ressortir ses vieux albums pour retrouver des amies perdues depuis longtemps. De la même façon, elle n'aimera pas faire des projections d'avenir en amitié.

Si, en tant que jeune fille, la Balance jongle avec ses amitiés et ses amours, elle tracera une ligne beaucoup plus nette entre les deux une fois à l'âge adulte. Ses comportements étant nettement différents comme amie ou comme amoureuse, elle ne mêlera pas les deux. Il sera plutôt rare pour la Balance de rester en contact avec ses amies d'enfance. Par contre, elle travaillera un peu plus fort pour conserver les amitiés qu'elle a acquises à l'âge adulte. Jeune femme accomplie et ambitieuse, la Balance aura toujours un peu de mal à faire suffisamment de place dans sa vie, même pour ses amies les plus chères. Cela dit, la Balance est et sera toujours une amie sincère et singulièrement généreuse.

En famille

Comme la Balance a horreur d'être seule, il y a de fortes chances pour qu'elle fasse tout en son pouvoir pour se créer un nid familial. Ses qualités pourraient la prédisposer à être une maman exceptionnelle, mais, dans ce domaine, la Balance doutera de ses capacités, la plupart du temps. Son besoin de performer dans tous les domaines (particulièrement au boulot et dans son couple) lui fera douter de son instinct maternel. Elle craindra de s'ajouter une responsabilité qu'elle ne pourrait assumer à la perfection.

Qu'elle choisisse ou non d'avoir des enfants, la Balance aura sans aucun doute une belle vie de famille sans remous, puisque son besoin impératif d'équité la poussera toujours à tout faire, à force de communication, pour rectifier les situations conflictuelles. Ce n'est pas pour rien que le symbole du signe soit la fameuse balance de la justice !

Au boulot

Le boulot, c'est son créneau ! Ambitieuse, professionnelle et organisée, la Balance est promise à un bel avenir sur le marché du travail. Mais attention au doute de soi ! Un manque d'estime pourrait freiner l'ambitieuse Balance dans ses choix de carrière. D'intéressants partenariats sont à prévoir, quel que soit le domaine choisi.

Si elle fait son chemin dans les arts

Elle connaîtra sans doute la renommée… sous la forme d'un succès d'estime. La Balance n'est pas destinée à briller sous les projecteurs. On la voit un peu plus dans l'ombre, mais elle est vouée à une grande réussite dans ce domaine.

Si elle privilégie les affaires

C'est son domaine de prédilection. La vente, sous toutes ses formes, lui sourira. Si elle choisit le travail autonome, dans tout domaine qui valorise la beauté (esthétique, coiffure, promotion d'arts visuels, etc.), elle gagnera très bien sa vie.

Si elle devient une professionnelle

Ses talents de communicatrice et sa finesse psychologique en feront une candidate de choix pour les métiers politiques et judiciaires.

Si elle choisit un métier technique

Cette voie lui permettra de bien vivre au quotidien. La Balance qui choisit ce type de métier a certainement choisi de trouver son bonheur dans ses loisirs; son travail n'occupe tout simplement pas le centre de son attention.

Quel sera son style

Raffinée, jolie et soignée, la Balance accorde beaucoup d'importance à son apparence. Son look est toujours choisi avec soin et elle semble tout naturellement, sans effort, être toujours habillée de façon appropriée, quel que soit l'événement.

Plus jeune, la Balance peut avoir deux comportements : soit elle sera parfaitement inscrite dans le style en vogue, soit elle refusera catégoriquement les diktats de la mode et optera pour un look rebelle (ce qui fera en sorte qu'elle s'associera avec un nouveau groupe d'amis qui partageront ses goûts vestimentaires du moment). Cette deuxième option sera somme toute de courte durée. Son besoin d'harmonie et de symétrie reprendra sans doute rapidement le dessus.

Les qualités de mes défauts ;o)

1. Ouverte d'esprit	↔	1. Indécise
2. Romantique	↔	2. Lunatique
3. Raffinée	↔	3. Snob
4. Organisée	↔	4. Rigide
5. Amicale	↔	5. Dépendante
6. Flexible	↔	6. Influençable
7. Volontaire	↔	7. Impatiente

Questionnaire
Es-tu une vraie Balance ?

1. Demain, tu dois faire une présentation orale devant la classe. Tu...

a) Tu relis tes notes, tu revois les phrases-clés, tu te prépares un ou deux punchs. Ça te tente moyen, mais... c'est dans la poche.
b) Tu es verte, tu as des crampes, tu ne dors pas de la nuit. Bref, juste d'y penser, ça te rend malade.
c) Tu écoutes la télé. Demain est un autre jour.

2. Julie t'a dit que Chloé avait embrassé le copain de Marie. Tu...

a) Tu lui réponds que tu aurais préféré ne pas le savoir. Tu essaies de vérifier qui est au courant afin d'avoir le temps de réparer les dégâts. Pauvre Marie...
b) Tu t'empresses de le raconter à toutes tes amies. Tu veux être la première à répandre la nouvelle.
c) Marie qui ?

3. Ta meilleure amie t'appelle pour aller magasiner. De ton côté, tu économises pour t'acheter un nouveau vélo. Tu...

a) Tu y vas, c'est clair. Juste pour regarder... Mais ta copine t'assure que tu es craquante dans cette robe. Tu sais que tu vas le regretter, mais tu l'achètes.
b) *Carpe diem*! Tant pis pour le vélo. Tu avais justement besoin d'un mignon petit haut pour aller avec les sublimes boucles d'oreilles que tu as vues samedi dernier.
c) Tu n'y vas pas. Tes priorités sont ailleurs.

4. Les élections battent leur plein. C'est la campagne de recrutement pour le conseil étudiant. Tu...

a) Tu te présentes pour le poste de secrétaire. Tu pourras ainsi infiltrer les rangs du conseil et faire part de tes idées sans être trop exposée à la critique.

b) Tu veux bien t'impliquer – tant que ça ne prend pas trop de ton temps – dans la mesure où c'est toi qui es en avant sur la photo de groupe.

c) Tu ne te sens pas concernée.

5. Tu sors de la salle de bain et ta jupe est malencontreusement restée prise à l'arrière de tes collants. Tu...

a) Tu fusilles du regard la personne qui te l'a annoncé, tu fonces aux toilettes pour corriger la situation. Tu n'en ressors qu'une fois les cours recommencés.

b) Tu accuses férocement tes amies de ne pas t'avoir prévenue avant. Tu replaces ta jupe et tu ajoutes : « Vous êtes bien chanceuses que je vous parle encore, traîtres ! »

c) Tu souris, tu replaces ta jupe et tu continues ton chemin.

SI TU AS UNE MAJORITÉ DE A...

Laisse-moi voir... bonne communicatrice, médiatrice, un peu étourdie, magouilleuse et orgueilleuse ? En cinq mots comme en mille, tu es une vraie Balance !

SI TU AS UNE MAJORITÉ DE B...

D'accord, d'accord, miss diva. Tu as les qualités de tes défauts. Tu es très populaire, mais pas très gentille, car tu crois que tout un chacun est là pour toi, mais est surtout remplaçable. Non, rien à voir, tu n'es pas une Balance.

SI TU AS UNE MAJORITÉ DE C...

Il n'y a pas grand-chose qui puisse te froisser. Ni t'ébranler, de toute évidence. Tu es sûre de toi, ultra-indépendante, et surtout pas Balance.

Le mot de Keera

SCORPION

Curieuse de nature, je m'intéresse à tout ce que je ne connais pas. Et l'astrologie n'y échappe pas.

Ainsi, quand il est question de zodiaque, je suis séduite ! Non pas parce que je prends tout au pied de la lettre, mais parce que je trouve que c'est un complément intéressant à ce que me dit ma **petite voix**. La lecture de ces caractéristiques et de ces pronostics m'aide à comprendre mes **impulsions** et mes intuitions. Je me vante d'être mystérieuse, romantique et théâtrale. Et je trouve l'écho de tout ça dans la description qu'on fait ici d'une Scorpion. C'est sympa, non ? Oui, en vraie Scorpion, je poursuis mes **rêves** avec intensité, je n'abandonne jamais. Je suis entière, presque obsessive, je vis chaque émotion à la puissance mille. Oui, je suis **exigeante**, mais surtout envers moi-même. Oui, je suis forte, mais je suis si sensible à la fois. Mes amies sont de précieuses confidentes, mais ma plus fidèle alliée, c'est moi-même. Je sais me garder un **jardin secret**, et s'il passe pour de l'égocentrisme, ça ne me décoiffe pas. Je sais ce que je veux, comme je sais où je m'en vais. Et toi, trouves-tu qu'on se ressemble ? J'espère que tu trouveras dans ces pages des réponses à tes questions, et le pouvoir de croire en toi-même !

XX

Keera

Surnom : Fée

Date de naissance : 26 octobre

Signe astrologique : Scorpion

Quelque chose qu'il faut savoir à mon sujet :
je sais lire dans les lignes de la main.

Ce que j'apprécie le plus chez mes amies :
leur franchise, leur disponibilité.

Mes principaux défauts :
je suis un peu fermée, obstinée
et exigeante.

Mes principales qualités :
je suis volontaire, à l'écoute, honnête et intègre.

Mes occupations préférées :
écouter des films d'horreur, inventer des histoires.

Ce que je voudrais être :
écrivaine de romans médiévaux.

Ce que je déteste par-dessus tout :
la faiblesse, l'inertie, le jaune.

Mes héros de la vie réelle :
ma grand-mère maternelle Maeva.

Mon héros fictif favori :
Dracula.

La musique qui me fait vibrer :
la musique celtique, la musique de films.

Mes films préférés :
les films d'horreur; plus ils sont glauques, mieux c'est !

Ce que j'aime

- Mon journal intime
- Korbo, mon corbeau
- Le look gothique
- Les défis
- Les cerises noires
- Les chandelles
- Les libraires ésotériques
- Lire sur l'histoire de ma famille
- Essayer de nouveaux plats

Ce que je déteste

- Les trucs trop citronnés
- La musique pop bonbon
- Les romans-savons
- La malveillance
- L'abus des personnes âgées
- Me lever tôt
- Les sports d'équipe
- Les enfants gâtés
- Les choux de Bruxelles

Comment je vois le monde ?

Toutes mes amies le savent, je vois le monde à travers des lunettes mauve… foncé. Les trivialités de la société ne m'intéressent pas. En fait, je trouve ça trop déprimant. Tout ce qu'on voit dans l'actualité mine mon moral et, au lieu d'agir, je l'avoue, j'aime mieux m'en détacher pour mieux me réfugier dans mes mondes imaginaires. Rien n'est trop beau – ou trop vilain. Je carbure à ces histoires fantastiques, romantiques, noires ou angoissantes que je crée à même mon imagination. Mes récits, ce sont mes repaires, ce sont mes échappatoires quand ce que je vis et ce que je vois au quotidien devient un peu trop sérieux ou contraignant.

Mes aspirations et mes rêves

Je l'ai bien assez dit, je veux gagner ma vie en écrivant des histoires. Je me vois parfaitement installée dans la tour de ma maison-château, perchée au bord d'une falaise. J'écrirai des romans envoûtants, à la lumière des bougies, et des lecteurs à travers le monde frissonneront à la lecture de mes histoires aussi fascinantes qu'effrayantes. Bon, je rêve peut-être en couleurs, mais...

Où je me vois dans 15 ans ?

- J'habiterai dans une grande maison, près de la mer (ou dans une contrée lointaine et isolée).
- Je serai une écrivaine reconnue (et publiée dans tous les pays du monde).
- Je donnerai des conférences sur le tragique médiéval (encore une fois, partout dans le monde).
- Je gérerai une entreprise de fabrication de savons à base de plantes aromatiques (j'aurai des centaines d'employés).
- J'aurai peut-être acquis assez de sagesse pour accepter que tout n'est pas réalisable (particulièrement ce qui est entre parenthèses ! Ha ! ha !).

La Scorpion

Date : Du 23 octobre au 21 novembre

Jour : Mardi

Élément : Eau

Forces : Détermination, intuition

Faiblesses : Jalousie, compulsion

Maison : Huitième

Planète : Mars

Saison : Automne

Couleur : Violet

Pierre précieuse : Topaze

Fleur : Chrysanthème

Villes et pays : Dublin, Nouvelle-Orléans, Norvège, Roumanie

Le caractère Scorpion : Indépendante, autoritaire, forte, sensible, acharnée, égoïste

Devise : Rien ne se perd, rien ne se crée.

Quelques Scorpions connus

Bill Gates, grand manitou informatique, cofondateur de Microsoft

Calvin Klein, designer de mode épurée, très garçonne

Marc Labrèche, acteur, humoriste, scripteur... artiste polyvalent québécois

Julia Roberts, actrice hollywoodienne au sourire ravageur

François Mitterrand, quatrième président de la cinquième République de France

Lise Watier, femme de cœur à la tête d'une grande ligne de cosmétiques québécoise

Scarlett Johansson, actrice américaine à la moue séductrice

Marie Curie, physicienne polonaise géniale, prix Nobel de physique

Katy Perry, chanteuse populaire provocatrice

Leonardo DiCaprio
11 novembre

Marie-Antoinette
2 novembre

Signification de chaque ascendant* pour la Scorpion

Si tu as un ascendant Bélier

Toi, tu n'es pas une lâcheuse ! Tu es forte et audacieuse, tu as confiance en toi et rien ne peut t'arrêter. Passionnée, entière et intense, tu as soif d'absolu. Pour toi, tout est blanc ou noir, ce qui te rend un peu intransigeante et souvent tourmentée, car même si tu canalises bien tes émotions, tu ne peux pas composer avec les zones grises, avec l'incertitude. Côté cœur, gare aux montées de jalousie destructrices.

Si tu as un ascendant Taureau

Tu es la plus superficielle des Scorpions. Ton côté pragmatique te confère le don de bien gérer tes actifs, ce qui fait que tous tes efforts sont déployés pour entretenir ton bien-être matériel. Certains diront que tu es assez difficile à vivre, car tu es têtue, exigeante et possessive. Cela dit, ta fougue est très stimulante pour ceux qui t'entourent; reste que ces derniers doivent savoir être accommodants et flexibles !

Si tu as un ascendant Gémeaux

D'une grande intelligence, tu as le pouvoir de manipuler les autres dans ton intérêt. Tu sais tirer profit des qualités d'autrui. Tu as donc un talent inégalé pour les affaires. Ton aisance relationnelle peut cacher une grande blessure émotive, ce qui te rend très secrète et difficile à cerner. En amour, tu ne supportes pas la routine.

Si tu as un ascendant Cancer

Idéaliste, rêveuse et profondément intuitive, tu es affectueuse et romantique. Par contre, tu attends la même chose, sinon plus, en retour. Tu es présente, mais exigeante. Cette dualité se transpose dans la pratique, alors que, bien que tu sois plutôt timide, tu peux t'avérer féroce quand il s'agit de prendre des décisions rationnelles.

Si tu as un ascendant Lion

Magnétique, charmante, puissante... rien ne te résiste. Ton petit défaut : ton orgueil. Il est si fort qu'il te mène parfois vers des conflits. Il te faudra du temps pour t'attacher à quelqu'un, parce que tu as de la difficulté à concilier tes émotions et tes ambitions. Cela dit, une fois conquise, tu ne reculeras devant rien pour gâter tes proches.

Si tu as un ascendant Vierge

Tu es vouée à la réussite. Émotive, mais lucide, tu veux toujours bien faire et tu te laisses rarement aller. Tu es si soucieuse de bien paraître que tu dois lutter avec certains complexes et de nombreuses angoisses. Pourtant, tu es remplie d'une force et d'une passion insoupçonnées.

* Consulte le tableau aux pages 20 et 21 pour découvrir ton ascendant.

Si tu as un ascendant Balance

Tu as un peu de difficulté à gérer tes émotions et ça te rend très, très sévère envers toi-même. Côté cœur, tu as tendance à choisir la sécurité plutôt que la passion. Les portes du domaine artistique te sont ouvertes. Tu as moins le sens des affaires, mais ton intuition saura toujours te servir.

Si tu as un ascendant Scorpion

Toutes les caractéristiques qui te définissent comme Scorpion sont ici poussées à l'extrême. Ton intuition est si forte qu'elle frise la clairvoyance. Ton pouvoir est si grand que rien ne te résiste. Ton intensité n'a d'égal que ta possessivité. Tu veux tout, tout entier, tout de suite !

Si tu as un ascendant Sagittaire

Ton côté Scorpion te pousse à te réinventer, alors que ton ascendant Sagittaire te conforte dans tes habitudes. Ton inconscient veut te faire progresser, mais ta rationalité s'exprime dans des choses pratiques. Tu es courageuse et aventureuse. Tu es aussi une candidate idéale aux coups de foudre. Quand ta passion est interpelée, tu as le pouvoir de réaliser de grands projets.

Si tu as un ascendant Capricorne

Réservée, mais volontaire, enthousiaste, mais rationnelle, tu cultives de fortes amitiés, mais, côté cœur, c'est toujours plus ardu. Tu auras davantage de facilité à t'épanouir dans ta carrière que dans ta vie familiale. Tu es très intelligente, lucide et perspicace.

Si tu as un ascendant Verseau

Tu es généreuse, ingénieuse, aventureuse, fidèle, forte, logique et séduisante. Mais tu es aussi instable, têtue, frondeuse et secrète. Tu as les qualités de tes défauts. Tu es une amie exemplaire, mais une amoureuse un peu timide et expéditive.

Si tu as un ascendant Poissons

Un tantinet trop rêveuse, ton jugement est parfois faussé par tes émotions envahissantes. Par contre, ton intuition vient alors à ta rescousse. Encore faut-il que tu sois à l'écoute ! Tu es inspirée, chanceuse et opportuniste, ce qui, dans plusieurs situations, peut se révéler une combinaison gagnante. Les domaines qui font appel à l'art et à l'imagination sont faits sur mesure pour toi.

Dans la tête d'une scorpion

« J'y arriverai. Je le sais.
J'ai dit.
Point final. »

Les signes avec lesquels j'ai le PLUS d'atomes crochus

Éloïse

Sagittaire, pourquoi ?

- Nous nous entendons à merveille parce que l'une ne cherche pas à entrer dans la bulle de l'autre
- Nous partageons un amour pour les soirées mondaines
- Nous avons une passion commune pour les sorties et le mouvement

Margrit

Balance, pourquoi ?

- Rien ne semble provoquer des conflits entre nous
- Nous ne nous lassons jamais de discuter; le téléphone est notre moyen de communication de prédilection
- Nous serons toujours très fidèles l'une envers l'autre

Brigit

Taureau, pourquoi ?

- Nous sommes toutes les deux un peu conservatrices, mais superficielles
- Nous aimons toutes les deux la nature
- Ça peut prendre du temps avant que nous soyons amies, mais quand c'est fait, c'est pour la vie

Les signes avec lesquels j'ai le MOINS d'atomes crochus

Yin

Verseau, pourquoi ?

- Nous n'avons rien en commun; nous sommes littéralement opposées
- La Verseau est trop ratoureuse; je ne lui fais pas confiance
- Nous avons beaucoup de difficulté à communiquer

Virginia

Vierge, pourquoi ?

- Nous sommes toutes les deux des boudeuses; nos échanges ne sont pas très fructueux
- Elle est bien trop exigeante (elle me ressemble et ça m'énerve !)
- Elle est trop sage pour moi qui suis si intrépide

Yolanda

Cancer, pourquoi ?

- Nous nous appellerons comme de bonnes connaissances, sans plus
- La Cancer est trop timide (d'accord, je suis peut-être trop frondeuse)
- La sensibilité avouée (et évidente) de la Cancer m'irrite

Les Scorpions sont souvent montrées du doigt. Ça doit simplement être à cause du symbole. À première vue, c'est vrai que c'est impressionnant, un scorpion. Et, sois honnête, ce n'est pas pour rien qu'il arbore un pique, celui-là ! Tu aimes bien piquer ton entourage… tant que ça ne se retourne pas contre toi ! Orgueilleuse et fière, tu aimes bien avoir le contrôle sur ton environnement. Malheureusement, on ne peut pas changer ce que pensent les autres, mais on peut s'en servir pour se remettre en question et mieux se connaître. Qu'en dis-tu ?

Être Scorpion au jour le jour

La Scorpion en famille

En famille, l'important, c'est son confort. Elle n'a pas un besoin viscéral du noyau familial. Du moins, c'est ce qu'elle veut laisser paraître. La Scorpion peut se détacher des valeurs familiales et des préceptes parentaux s'ils vont à l'encontre de ses principes. Cette apparente rébellion laisse toutefois supposer qu'elle souffre d'être incomprise et qu'elle manque d'affection. C'est plus facile pour elle de se détacher de ce qui ne la satisfait pas que d'affirmer son inconfort et de devoir le justifier, puis d'être appelée à trouver des solutions de bonne entente.

Si elle est la plus jeune, elle voit sans doute sa sœur plus âgée comme un modèle, mais se ferait passer sur le corps avant de l'admettre. On verra souvent la cadette appeler son aînée « ma petite sœur », pour se donner une contenance, mais, au fond, elle n'espère et n'attend que son approbation. Si elle est la plus vieille, elle assumera parfaitement cette « supériorité » et n'hésitera pas à s'en servir pour manipuler ses proches. Chez la Scorpion, les relations entre frère et sœur sont plus saines (à cause de la complémentarité) qu'entre sœur et sœur (à cause de la compétitivité).

La Scorpion en amitié

Dotée d'un magnétisme indéniable, la Scorpion attire les autres. Elle a un je-ne-sais-quoi qui fait en sorte qu'à l'école, entre autres, tout le monde veut être son amie. Ou, à tout le moins, tout le monde veut avoir son approbation. En d'autres mots, personne ne veut la contrarier. On veut être aimé de la Scorpion, pas se retrouver sur sa liste noire ! De plus, elle semble difficile d'approche... et, contrairement à ce que dégage la Vierge, par exemple, ce n'est pas une illusion. La Scorpion se retrouve souvent au centre d'un cercle d'amies exclusif et restrictif. Ses amies sont des élues, mais elle le leur rend bien. Fidèle, loyale, sensible et à l'écoute, c'est une amie précieuse. Par contre, si elle est blessée, elle restera hostile longtemps. Cependant, il ne faut pas s'y méprendre. Elle démontre souvent son affection par la raillerie. Ses amies doivent être conciliantes et compréhensives. D'ailleurs, la Scorpion est l'une des seules filles du zodiaque qui ne doit pas se lier d'amitié avec quelqu'un du même signe qu'elle : flammèches assurées !

La Scorpion en amour

La Scorpion, c'est une séductrice. Elle aime plaire, mais ces flirts sont souvent sans fondement. Oui, il est très difficile de percer la carapace d'une Scorpion. C'est une amoureuse dévouée et sensuelle lorsque conquise. Mais si on la prend de travers, elle sait être froide et distante, mieux que quiconque. Passionnée et charmante, voire ensorceleuse, elle fascine et captive les garçons qui, eux, tentent de percer ses mystères. Mais attention, messieurs, si vous êtes trop admiratifs, elle vous trouvera ennuyants.

La Scorpion vit souvent des relations tourmentées, en montagnes russes, parce qu'elle est trop intense, entière et exigeante. Son besoin de séduire constamment rend la tâche difficile à son amoureux, mais s'il est fort et patient, il saura composer avec son indépendance et trouver le moyen de la garder auprès de lui. Elle a besoin de relations de complémentarité. Avec de la bonne volonté, si elle arrive à déjouer les pièges de sa jalousie et de son orgueil flamboyants, elle peut faire durer ses relations.

La Scorpion à l'école

Intelligente, maligne et têtue, la Scorpion a ce qu'il faut pour réussir à l'école. Elle performe bien, sans être première de classe. Son indépendance lui fait détester les travaux en équipe. Elle est à son affaire, mais elle fait toujours à sa tête. Son manque d'esprit de compromis rend difficile son intégration dans un groupe.

Son flair lui rend souvent service lors d'examens et d'évaluations. Ce qui lui manque en assiduité dans ses études, elle le regagne en intuition. Son côté fonceur et meneur s'exprime davantage au sein de son groupe exclusif d'amis, où elle sait qu'elle détient... peut-être pas la science infuse, mais presque. En classe, elle n'interviendra que si elle est obligée de le faire. Encore une fois, son orgueil ne lui permet pas de prendre la chance de donner au prof une mauvaise réponse.

Boule de cristal, quelques prédictions...

Lis ce qui suit pour découvrir ce que le ciel te réserve... mais rappelle-toi toujours que les vraies prédictions, c'est ton cœur qui te les dicte et tu as toujours le choix d'influencer le cours de ton destin !

En amour

Mots-clés : La Scorpion, envoûtante, cumulera les conquêtes, mais pas nécessairement les cavaliers. Cela dit, quand elle trouvera le bon compagnon, elle sera capable d'une grande fidélité. Si elle est blessée, elle ne le montrera pas, mais elle sera d'autant plus farouche et difficile à approcher ensuite. Elle n'aimera pas facilement, pas plus qu'elle ne se laissera aimer.

Amours d'ado : Elle attendra que les garçons viennent à elle. Si certains l'intéressent, elle se laissera charmer sans trop s'attacher. Elle préfèrera se concentrer sur ses projets.

Jeune adulte : Sa réputation de séductrice la précède. Elle sera souvent désirée par les gars, montrée du doigt par les filles. Mais elle n'en aura rien à faire. La séduction, c'est un jeu qui lui plaît énormément.

Vie de famille : Les jeux de conquête feront toujours partie de la vie amoureuse de la Scorpion, mais c'est aussi sa façon de marquer des points dans toutes les sphères de sa vie. Ses choix lui dicteront la place qu'occupera l'amour dans sa vie. Certaines Scorpions seront mieux célibataires, n'ayant pas de comptes à rendre à personne et pouvant laisser libre cours à leurs ambitions démesurées, sans compromis, alors que d'autres supporteront mal la solitude et construiront autour d'elles un foyer solide et durable.

Copains de choix :

Côté cœur, quels sont les signes avec lesquels j'ai le plus d'affinités :

- **Lion :** fort et entreprenant
- **Vierge :** lucide et suffisant
- **Sagittaire :** optimiste et volontaire

En vacances

Son besoin d'évasion et de mouvement trouvera son écho dans sa passion pour les voyages. Oui, la Scorpion aimerait bien parcourir le monde pour aller voir où elle peut trouver son compte. Cela dit, ses motivations pour s'évader ne seront pas toujours nobles. Il s'agira souvent de fuite. À moins que ses expéditions ne lui servent qu'à tester ses limites. Aucune destination ne sera trop dangereuse; aucun pays ne sera trop lointain; aucun voyage ne sera trop dispendieux pour la téméraire qui mettra tout en œuvre pour aller voir au bout du monde si elle ne trouverait pas des réponses à son insatisfaction.

Partenaires hors pair

Côté tourisme, quels sont les signes avec lesquels j'aurai le plus de plaisir à voyager ?

• La **Sagittaire** est l'une des seules avec qui je pourrais envisager de partir. Cette dernière est née pour voyager et découvrir, et c'est pour moi une alliée précieuse.

• La seule partenaire que je peux endurer pendant une longue période, c'est **moi-même**. Je me ferai sans doute quelques amis de passage pour faciliter mon périple, mais...

En amitié

La Scorpion aura toujours peu d'amies, triées sur le volet, mais elle aura aussi peu d'ennemies. Son tempérament instable et exclusif rendra difficiles les nouvelles amitiés.

Plus jeune, la Scorpion sera peut-être un peu expéditive avec ses amies. Elle n'est pas méchante, juste foncièrement indépendante et intransigeante. Si elle parvient à maîtriser ses envies de mettre au rancart toute personne qui la contredit, elle devrait vieillir bien entourée. Ses précieuses alliées auront une place de choix dans sa vie chargée.

Il est difficile d'entrevoir, à court ou à long terme, des relations d'amitié entre la fille Scorpion et un garçon. Leurs échanges seront toujours teintés d'un jeu de séduction qui anéantira toutes chances pour une amitié solide et sincère.

En famille

De toutes les filles, c'est la Scorpion qui se détachera le plus facilement du nid familial où elle a grandi.

Elle brûlera toujours d'un désir impérieux de voler de ses propres ailes, soit pour se prouver qu'elle est aussi forte qu'elle le croit, soit pour affirmer son identité propre et s'assurer de ne pas voir ses ambitions contrecarrées par d'autres. Somme toute conformiste et traditionaliste, elle flirtera souvent avec l'idée de fonder sa propre famille modèle. À d'autres moments, elle doutera viscéralement de ses talents maternels.

Dans bien des cas, chez la Scorpion, ses projets professionnels prendront le pas sur son besoin de créer un nouveau foyer familial. Cela dit, entière comme elle est, si elle choisit d'avoir des enfants, elle se vouera corps et âme à ce projet et elle protégera férocement sa progéniture.

Au boulot

Attention, la voilà ! S'il en est une que l'on ne peut arrêter sur le chemin de la réussite, c'est bien la Scorpion ! Ses buts peuvent être changeants, ses objectifs peuvent être plus ou moins accessibles, mais il reste qu'elle fera son chemin, coûte que coûte. Dotée d'une force de caractère et d'une vision peu communes, la Scorpion sait ce qu'elle veut et fera tout en son pouvoir pour l'obtenir. Son principal obstacle : sa passion pour chaque activité s'essouffle rapidement. Elle devra constamment être stimulée, sinon elle sera insatisfaite. Son talent pour le renouveau et son esprit d'innovation vont la sauver de la déprime dans plus d'une situation.

Si elle fait son chemin dans les arts

Pouvoir créateur, intuition et imagination seront ses meilleurs alliés.

Si elle privilégie les affaires

Elle sera une redoutable femme d'affaires, impitoyable dans ses décisions, avec un flair à toute épreuve dans le domaine financier. Gare à celui ou celle qui tentera de lui mettre des bâtons dans les roues.

Si elle devient une professionnelle

Son amour du mystère et de l'énigme en ferait une enquêteuse ou une criminaliste hors pair. La psychologie est aussi un domaine qui lui sourit.

Si elle choisit un métier technique

Son intelligence lucide et logique en fait une candidate toute désignée pour la recherche. Le fruit de ses études lui donnera l'impression de résoudre les mystères, ce qu'elle affectionne tant.

Quel sera son style

Affirmé, évocateur et incisif, le style de la Scorpion la représente bien. Cette mordue de magasinage ne craquera pas forcément pour les marques, mais ses vêtements seront toujours portés avec confiance, pour ne pas dire avec un certain affront. Sa force, c'est sa capacité à se réinventer, toujours avec goût, le plus souvent avec audace. Elle peut changer de style radicalement, de pied en cap, mais l'ensemble sera toujours cohérent. Petit problème : elle pousse parfois un peu trop la note dans l'affirmation de son côté rebelle. De plus, elle a tant besoin de mouvement qu'elle changera subitement (et de façon significative) son apparence, mais sa tête ne suivra pas toujours; autrement dit, ces tentatives de renouvellement n'auront pas toujours l'effet escompté sur son moral. Mise en garde : oui, il faut oser, mais il ne faut pas être trop provocatrice ! Une chose est certaine, à tout âge, le conservatisme de la Scorpion ne se dessine pas dans ses vêtements. Évidemment, si sa réussite professionnelle dépend de son allure, elle fera tout pour se mouler aux exigences, mais en dehors de ça, elle a du chien, la Scorpion !

Les qualités de mes défauts ;o)

1. Aventureuse ⟷	1. Effrontée
2. Intuitive ⟷	2. Irréfléchie
3. Déterminée ⟷	3. Obsessive
4. Charmante ⟷	4. Manipulatrice
5. Vaillante ⟷	5. Obstinée
6. Impliquée ⟷	6. Interférente
7. Mystérieuse ⟷	7. Secrète

Questionnaire

Es-tu une vraie Scorpion ?

1. À l'école, tu marches dans le corridor, et tout le monde chuchote en te montrant du doigt. Tu...

a) Tu ne fais rien. Tu poursuis ton chemin, la tête haute.

b) Tu souris timidement, tu accélères le pas, puis tu cours te cacher pour pleurer ton angoisse.

c) Tu t'arrêtes, puis tu cries : « Quelqu'un veut me dire ce qui se passe ? »

2. Quand tu poses une question, tu...

a) Tu t'attends à ce qu'on te donne la réponse, une réponse claire et concise, puis à ce qu'on t'explique le pourquoi du comment.

b) Tu attends la réponse et tu acceptes ce qu'on te dit comme une vérité absolue.

c) Tu y réponds toi-même avant que ton interlocuteur ait pu placer un mot.

3. Il y a une offre affichée sur le babillard : on recherche des bénévoles pour la collecte de denrées des paniers de Noël. Tu...

a) Tu donnes ton nom comme bénévole, mais, discrètement, tu demandes à la responsable si cette activité donne des crédits pour le cours de socio.

b) Non seulement tu t'enrôles, mais tu poursuis la campagne dans ton quartier.

c) Tu t'impliques, dans la mesure où ton nom sera inscrit comme bénévole en chef sur les affiches de la campagne.

4. Une rumeur dit que ton copain est amoureux de ta meilleure amie. Tu...

a) Tu confrontes ton copain, sans détour. Tu veux la vérité, toute la vérité. S'il patine le moindrement, tu le plaques sans hésiter. Sans regrets.
b) Tu l'appelles en pleurnichant. Tu le supplies de te choisir.
c) Tu confrontes ta meilleure amie. Tu lui fais savoir clairement que si elle ne le laisse pas tranquille, elle aura affaire à toi.

5. À l'école, en français, le projet que tu préfères, c'est...

a) La rédaction d'un projet de journalisme d'enquête. Tu dois inventer des indices, dessiner une scène de crime, résoudre l'énigme.
b) La dissertation d'opinion sur les animaux en voie d'extinction.
c) La conception d'une réclame publicitaire en un sketch de deux minutes présenté devant la classe.

SI TU AS UNE MAJORITÉ DE A...
Tu aimes : le mystère, la vérité, l'intégrité... et toi-même. Oui, c'est clair, tu portes le pique de la Scorpion.

SI TU AS UNE MAJORITÉ DE B...
La reine du drame, c'est toi. Tu es ultra-sensible, gentille, un brin naïve. Tu n'as définitivement pas assez de fougue pour te croire Scorpion.

SI TU AS UNE MAJORITÉ DE C...
Princesse des princesses, tu as très (trop) confiance en toi, parfois au détriment de tes pairs. Votre Altesse, vous n'êtes pas une Scorpion.

Le mot d' Éloïse

SAGITTAIRE

Qu'est-ce que tu penses du zodiaque ? Moi, ça me fait sourire. J'ai trop d'idées, de projets et d'envies pour me faire dicter ce que je devrais penser ou faire par telle ou telle planète.

Ça me fascine de voir comment les gens tiennent pour acquis que ce qui est écrit doit être vrai. Dans mon cas, si je me fie à ce que devrait être une Sagittaire, j'ai besoin de retravailler mon profil ! Quand même, j'aime bien lire sur le sujet... Ça me permet d'admettre qu'en bonne Sagittaire, je suis optimiste, enthousiaste et plutôt irréfléchie. J'adore les voyages, et je comble mes besoins d'évasion par la création. Je suis spontanée, passionnée et rêveuse, mais je suis aussi paresseuse, rancunière et pas une miette superficielle, ce qui, semble-t-il, me distingue de mes comparses astrologiques. Selon ce que m'indique mon signe, je devrais être curieuse (oui), assoiffée de connaissances (moui), aventureuse (certainement), sensible (définitivement), insouciante (d'accord, un peu), effrontée (certainement pas) et très spirituelle (ma religion, c'est l'art). Et toi, chère Sagittaire, te reconnais-tu davantage en moi ou en une parfaite incarnation de ton signe?

Eloïse

XX

Leila

Surnom : Élo
Date de naissance : 30 novembre
Signe astrologique : Sagittaire

Quelque chose qu'il faut savoir à mon sujet :
j'ai beaucoup de talent pour faire des sculptures hétéroclites.

Ce que j'apprécie le plus chez mes amies :
leur écoute et les fous rires qu'on partage.

Mes principaux défauts :
je suis un peu paresseuse, têtue et, à l'occasion, rancunière.

Mes principales qualités :
je suis franche, aimable, ingénieuse et engagée.

Mes occupations préférées :
magasiner dans les friperies, puis créer, créer et créer.

Ce que je voudrais être :
artiste-peintre

Ce que je déteste par-dessus tout :
le gaspillage

Mes héros de la vie réelle :
Hubert Reeves

Mon héros fictif favori :
Goldorak

La musique qui me fait vibrer :
j'aime vraiment, mais vraiment tous les styles de musique.

Mes films préférés :
j'aime beaucoup les comédies romantiques (les vrais films de filles !), mais j'ai aussi un grand intérêt pour les films étrangers.

Ce que j'aime

- Peindre, dessiner, sculpter… bref, créer
- Mon chat Picasso
- Faire les marchés aux puces avec les filles
- Recycler
- Les fraises d'automne
- Prendre du soleil
- La pâte à dents au thé vert
- Faire des gâteaux
- Marcher
- Planifier des expéditions

Ce que je déteste

- Le foie
- Les bouchons de circulation
- Le gaspillage
- Le froid
- Les restrictions
- L'intransigeance
- Les mathématiques
- La surconsommation
- Le jugement
- Les diktats de la mode

Comment je vois le monde ?

De plus en plus, j'essaie de voir le monde d'un point de vue plus écologique… et surtout d'influencer mon entourage pour qu'il fasse comme moi. Je suis plutôt optimiste. On en a fait, du chemin, en relativement peu de temps ! On arrive à une ère où on peut espérer voir les comportements changer, petit à petit. Il reste tant à faire ! Qu'à cela ne tienne, au moins, je fais concrètement ma part. C'est ma façon à moi de prendre ma place dans le monde. Je m'habille avec des vêtements recyclés, je participe à toutes les campagnes de sensibilisation tenues à l'école, je crée même à partir d'objets désuets, puis je surveille mes parents ! Ha! ha! Je pense bien qu'on s'y est mis à temps. À mes yeux, la seule manière de voir le monde, c'est de le voir plus vert. D'ailleurs, on n'a pas déjà dit que c'était la couleur de l'espoir ?

Mes aspirations et mes rêves

Je l'ai bien assez dit, ma seule et unique aspiration, mon plus grand rêve est de pouvoir, un jour, vivre de mon art. Oui, je rêve d'un monde plus vert, mais j'espère aussi un monde plus ouvert, où la culture et la beauté seront reines et maîtresses, où les artistes seront valorisés comme des biens précieux pour l'identité patrimoniale. Bon, je m'emporte. Suis-je idéaliste ? Peut-être. Mais c'est ce que je NOUS souhaite, et rien de moins.

Où je me vois dans 15 ans ?

- J'aurai fait la première page du prestigieux magazine Beaux-Arts.
- J'aurai les moyens de faire un voyage chaque année dans un nouveau pays.
- J'habiterai dans un immense loft au centre-ville.
- J'aurai mon studio sous le même toit.
- Je serai très impliquée dans la cause environnementale.

Oui, oui, je le répète, c'est ce que je ME souhaite, et rien de moins !

La Sagittaire

Date : Du 22 novembre au 20 décembre

Jour : Jeudi

Élément : Feu

Forces : Optimisme et honnêteté

Faiblesses : Impatience et manque de tact

Maison : Neuvième

Planète : Jupiter

Saison : Automne

Couleur : Bleu royal

Pierre précieuse : Turquoise

Fleur : Narcisse

Villes et pays : Bangkok, Washington
Espagne, Australie

Le caractère Sagittaire : Aventureuse, libre, philosophe, curieuse, insouciante, superficielle

Devise : La beauté est dans les yeux de celui qui regarde.

Quelques sagittaires connus

Vanessa Hudgens, tête d'affiche de *High School Musical*

Taylor Swift, jeune chanteuse très populaire

Brad Pitt, acteur aux multiples talents et au joli minois qui ne vieillit pas

Christina Aguilera, chanteuse flamboyante à la voix puissante

Walt Disney, créateur de l'empire du même nom

Kevin Parent, chanteur québécois à l'accent craquant

Britney Spears, chanteuse américaine aussi populaire que ses déboires

Woody Allen, cinéaste américain mythique

Lucy Li
2 décembre

Jim Morrison
2 décembre

signification de chaque ascendant* pour la Sagittaire

si tu as un ascendant Bélier

Tu es créative, volontaire, ambitieuse et audacieuse. Tu as horreur de la routine et ton dynamisme te permet de vivre de grands bonheurs. Fais attention de ne pas laisser tes amours freiner tes envies de liberté et d'évasion.

si tu as un ascendant Taureau

Tu es profondément vivante. Tu fonces dans la vie sans regarder derrière. Ainsi, parfois, tu agis avant de réfléchir et tu as ensuite de la difficulté à gérer les conséquences de tes actes. Le domaine des arts est fait sur mesure pour toi. Ta passion peut se transposer dans le quotidien; tu as tout pour être heureuse en amour.

si tu as un ascendant Gémeaux

Tu as toujours besoin d'être entourée, comme tu as toujours besoin d'échapper aux pièges de la monotonie. Tu es taquine et tu aimes jouer des tours. Tu es très aventureuse... d'ailleurs un peu trop quand il s'agit d'affaires de cœur. Attention à tes finances ! Un peu de sérieux, mademoiselle.

si tu as un ascendant Cancer

Tu n'es pas très disciplinée, mais ta générosité n'a d'égal que ton grand cœur. Tu es toujours prête à rendre service. Grande rêveuse, tu es bohème en apparence, mais tu trouves ton équilibre émotif dans la stabilité. D'ailleurs, tu manques un peu de détermination, mais c'est plus à cause de tes incertitudes que de ton manque de volonté.

si tu as un ascendant Lion

Tu es si franche que ça fait presque peur. Mais ta franchise a du bon, car tu attires naturellement les gens vers toi. On te fait facilement confiance. Tu es généreuse et chaleureuse. Tu as un faible pour les biens matériels... et ton image compte beaucoup. En amour, tu es très passionnée. Ton critère numéro un ? Tu veux être fière de ton amoureux.

si tu as un ascendant Vierge

Tu es émotive, mais réfléchie; intelligente, mais cynique. Tu laisses paraître un certain détachement, mais ceux qui te connaissent savent à quel point tu es charmante. Tu es organisée, méticuleuse, efficace. Tu es capable de gérer plusieurs tâches à la fois. Côté cœur, tu as le don de te contenter de trop peu. Allez, fonce! Tu mérites ce qu'il y a de mieux.

* Consulte le tableau aux pages 20 et 21 pour découvrir ton ascendant.

Si tu as un ascendant Balance

Tu fais preuve d'une immense émotivité. Tu réfléchis toujours avec ton cœur, et non avec ta tête. Tu as un charme fou! Tu es très spontanée et, par ta gentillesse, tu peux convaincre ton entourage d'accepter presque n'importe quoi.

Si tu as un ascendant Scorpion

Tu es très courageuse et tu as besoin d'aventure pour briser la routine. De plus, tu sembles toujours avoir le besoin de te dépasser. En amour, tu te laisses souvent emporter par des élans passionnés. Si tu t'assagis, tu auras somme toute besoin d'une grande liberté d'action. Ton intelligence et ta perspicacité te permettent de tirer profit de bien des situations.

Si tu as un ascendant Sagittaire

Tu es une grande exploratrice... dans tous les sens du terme. Oui, tu aimes les voyages et les aventures, mais tu aimes aussi « explorer » la vie de tes proches, au point de t'en mêler un peu trop, parfois. Tu aimes aussi essayer toutes sortes de choses. Tu ne réfléchis aux conséquences qu'après avoir agi; attention aux dépenses inutiles!

Si tu as un ascendant Capricorne

Tu affiches une mine détachée, mais tu es pleine de sensibilité. On gagne beaucoup à te connaître. Contrairement à ce que tu laisses paraître, tu es responsable, enthousiaste et très attentionnée, mais tu es parfois un peu éparpillée. Quand tu choisis de te concentrer sur quelque chose, tu y es toute dévouée.

Si tu as un ascendant Verseau

Ta facilité à communiquer te donne de belles occasions de réussite. Tu cherches davantage à enrichir tes connaissances que ton compte en banque. Tu détestes tout ce qui est banal et ordinaire. Tu as toujours envie de renouveau, d'inusité et de découvertes.

Si tu as un ascendant Poissons

Tu portes toujours un peu le fardeau de tes regrets. Au lieu de miser sur l'avenir, tu ressasses tes déceptions et ça peut limiter ton entrain. Tu cherches souvent à t'évader, car tu as de la difficulté à vivre le moment présent. Ceci dit, ton besoin d'évasion se traduit par une imagination débordante et une sensibilité très touchante.

Dans la tête d'une sagittaire

« Quoi ? Tu ne connais pas ça ? Ça me surprend. Pourtant, c'est évident. »

Les signes avec lesquels j'ai le PLUS d'atomes crochus

Margrit

Balance, pourquoi ?

- Nous nous complétons à merveille
- La Balance calme mes ardeurs
- Je dynamise la Balance trop réfléchie

Virginia

Vierge, pourquoi ?

- Nous faisons preuve d'une grande tolérance l'une envers l'autre
- Notre loyauté défiera le temps et les obstacles
- La Vierge partage mon goût des belles choses

Leila

Bélier, pourquoi ?

- Nous nous aimons beaucoup, tout simplement
- Quand nous nous obstinons, ce n'est jamais sur des questions de fond
- Si nous nous disputons, nous nous réconcilions dans la seconde

Les signes avec lesquels j'ai le MOINS d'atomes crochus

Brigit

Taureau, pourquoi ?

- Ni l'une ni l'autre n'est prête à faire l'effort pour alimenter cette amitié
- Nous ne partageons pas les mêmes valeurs
- Nous semblons être nées pour nous contredire

Clothilde

Lion, pourquoi ?

- Nous nous amusons bien ensemble, mais c'est toujours éphémère
- Nous sommes toutes les deux trop égocentriques
- La Lion est généreuse, mais elle attend trop en retour à mon goût

Yin

Verseau, pourquoi ?

- Nous ne voyons pas la vie de la même façon
- Je me prends trop au sérieux pour la moqueuse Verseau
- Un différend entre nous pourrait résulter en un éloignement définitif

La Sagittaire a une personnalité remarquable... dans les deux sens du mot. C'est une très bonne personne, et elle ne passe pas inaperçue ! C'est que son enthousiasme flamboyant peut être, à la limite, un peu agaçant. Reine de l'aisance de la parole, doublée d'une franchise à toute épreuve, il lui arrive de manquer de délicatesse. Finalement, son constant besoin de s'évader la rend difficile à suivre pour ses proches. Rappelle-toi... il y a toujours deux côtés à une médaille[1] !

Être Sagittaire au jour le jour

La Sagittaire en famille

Forte tête, la Sagittaire a quelquefois de la difficulté à composer avec l'autorité parentale. Si ses parents sont très stricts, elle se sent d'autant plus brimée dans sa liberté d'expression et d'action. Les chances que la Sagittaire soit alors un tantinet rebelle sont plutôt grandes. Il pourrait s'installer une certaine rivalité entre elle et son parent répressif. Cependant, sa fougue et sa témérité savent battre en retraite dans les moments importants et son apparente rébellion n'est en fait qu'un besoin de ruer dans les brancards de temps en temps. Parallèlement, elle a un profond respect pour ses liens familiaux, mais préférera se détacher plutôt que de se taire. Si ses parents sont ouverts d'esprit, elle trouve alors écho à ses besoins et se sent davantage comprise. Ceci dit, en l'absence de confrontations, l'optimisme et le dynamisme de la Sagittaire s'avèrent rassembleurs. De plus, elle est aussi généreuse avec ses frères et sœurs qu'elle peut l'être avec ses amies. Souvent, on remarque chez la Sagittaire une belle dévotion pour ses grands-parents.

[1] Voir page 243.

La sagittaire en amitié

La Sagittaire est une amie hors pair. Elle jongle parfaitement entre la fidélité qu'elle voue à ses amitiés et son besoin d'indépendance. C'est une amie fiable et présente; on peut lui faire confiance. Elle est généreuse, mais sait bien gérer ses ressources. Son côté impulsif peut mener à des discussions animées entre amies, mais la Sagittaire n'est pas rancunière.

En bonne communicatrice, elle adore échanger. Un peu têtue, elle s'obstinera jusqu'à la dernière seconde pour rallier son amie à son point de vue, mais, contrairement à d'autres, elle n'est pas intransigeante. Elle écoute l'autre avant d'argumenter de nouveau ! Les amies sont très importantes dans la vie de la Sagittaire.

Seulement, celles-ci doivent respecter son espace vital; si elle se sent coincée, elle devient vite impatiente ou grognonne.

La sagittaire en amour

On l'a dit et redit, la Sagittaire a besoin de mouvement. C'est vrai aussi en amour. Ainsi, une relation insatisfaisante ne fera pas long feu. Elle vivra l'un ou l'autre : échec total ou bonheur complet, pas de demi-mesures ! Ceci dit, la Sagittaire peut parfois vivre des déceptions et les passer sous silence pour ne pas se retrouver seule. Elle est passionnée, sincère et directe, et ce, tellement qu'elle doit travailler très fort pour éviter de blesser l'autre par manque de tact.

Bref, la Sagittaire est heureuse dans une relation sans chichi. Elle brise la routine en mettant son imagination au profit de sa spontanéité. Un amoureux qui aime les surprises sera tout simplement comblé par sa douce. Par contre, si elle est blessée, elle peut facilement se laisser sombrer dans la déprime, devenant critique et cynique envers toute la gent masculine.

La sagittaire à l'école

Cosmiquement prédisposée pour les études et la connaissance, la Sagittaire trouve son compte à l'école. Malheureusement, ça ne veut pas dire qu'elle ait toujours d'excellents résultats. Il se peut même qu'elle éprouve de la difficulté dans les matières trop techniques. Quand elle se retrouve contrainte dans un cadre serré, ses performances s'en trouvent affectées. La Sagittaire est un esprit libre; elle est ouverte, curieuse et avide de connaissances. Ces qualités ne vont peut-être pas toujours de pair avec les programmes restrictifs du système scolaire, mais ce sont des outils précieux pour les études supérieures. De plus, la capacité de la Sagittaire à constamment revoir sa façon de penser lui permet d'explorer toutes les avenues qui s'offrent à elle tout au long de son parcours académique.

Boule de cristal,
quelques prédictions...

Lis ce qui suit pour découvrir ce que le ciel te réserve... mais rappelle-toi toujours que les vraies prédictions, c'est ton cœur qui te les dicte et tu as toujours le choix d'influencer le cours de ton destin !

En amour

Mots-clés : En général comme en particulier, la Sagittaire ne souhaitera qu'une complicité profonde avec son amoureux. Elle cherchera à être sur la même longueur d'onde, parce que si elle est constamment contredite, il n'en résultera que des flammèches.

Amours d'ado : La jeune Sagittaire est souvent rêveuse et aura tendance à s'amouracher de gars inaccessibles, à travers lesquels elle fera des plans de vie à deux.

Jeune adulte : Elle sera l'amoureuse passionnée que les jeunes hommes recherchent tant : spontanée, indépendante, dynamique et prête à tout pour impressionner son homme. Qui dit mieux ? Mais attention, une grande blessure pourrait révéler son côté sombre. Et son envie de vengeance pourrait être amer.

Vie de famille : La femme Sagittaire ne sera heureuse que si sa vie de famille est ponctuée d'évasions. Elle aura intérêt à partager sa vie avec un amoureux aussi passionné des voyages qu'elle peut l'être. Dans ce type de relation, elle s'épanouira parfaitement. Elle devra aussi partager sa vie avec un homme qui stimulera son intellect.

Copains de choix :

Côté cœur, quels sont les signes avec lesquels j'ai le plus d'affinités :

- Lion : aventureux et flamboyant
- Poissons : complice et compréhensif
- Capricorne : joyeux et rassurant

En vacances

Les vacances, les voyages, les expéditions et les petites escapades, c'est son domaine! La Sagittaire se réalisera à travers ses voyages. Elle aura besoin de voir du pays, de s'évader, mais aussi de découvrir et d'apprendre à travers d'autres cultures. Parfois, ses évasions relèveront de la fuite, mais parfois, elle sera vraiment en quête de réponses. Rien ne sera plus enrichissant pour une Sagittaire que de parcourir un pays en parlant avec ses habitants pour connaître leurs coutumes et leur façon d'être. Souvent, la Sagittaire aura besoin de s'éloigner pour se retrouver. L'évasion sera aussi une bonne façon pour elle de solidifier ses relations. Si son amoureux a une même passion pour l'aventure, ils partageront une longue vie de plaisirs et de découvertes!

Partenaires hors pair

Côté tourisme, quels sont les signes avec lesquels j'aurai le plus de plaisir à voyager?

- La **Verseau** pour son goût de la découverte
- La **Vierge** pour son insatiable curiosité

En amitié

La Sagittaire, caractérisée par une grande sagesse et une intelligence sensible, sera toujours une très bonne amie. Règle générale, son tempérament fera en sorte qu'elle se choisira toujours en premier, mais l'intérêt de ses amies lui tiendra beaucoup à cœur. Son charme et son aisance lui permettront de se faire des amies rapidement et elle saura vite reconnaître ses alliées. Plus jeune, elle restera sans doute fidèle à ses amies pendant plusieurs années. Mais rares sont ces amitiés qui passeront le cap de l'adolescence. La plupart des Sagittaires ne déploieront les efforts que pour entretenir une (ou deux) solides amitiés, celles qui seront les plus importantes à ses yeux. Si les amies qu'elle a choisies s'éloignent, elle usera d'arguments (pas toujours efficaces) pour les en dissuader, et parviendra généralement à ses fins.

Ses amitiés les plus durables se forgeront dans la vingtaine, quand ses buts de vie et de carrière se préciseront. Dans chaque sphère de sa vie (école, boulot, parascolaire), elle se fera toujours beaucoup d'amies, mais elles franchiront rarement la frontière de la bonne connaissance. De plus, jeune adulte, la Sagittaire aura de la difficulté à entretenir des relations d'amitié avec des garçons.

En famille

La Sagittaire aura toujours besoin de sa famille comme d'une base vers laquelle elle pourra revenir pour partager de bons moments comme pour être épaulée dans les moments plus difficiles. Bien que les conflits soient toujours possibles avec ses parents après qu'elle ait quitté le nid, la Sagittaire s'assagira généralement dès qu'elle volera de ses propres ailes et qu'elle travaillera à la construction de son nouveau repaire.

En couple, si elle trouve un amoureux qui respecte son besoin de liberté, elle pourra être heureuse et fidèle très longtemps. De plus, si elle fait le choix de devenir mère, elle sera toujours à la hauteur et sa dévotion pour sa marmaille sera à toute épreuve. Les aléas de la vie ne sauraient affecter son jugement et ses qualités de mère.

Dans bien des cas, la Sagittaire sera aussi plus en harmonie si elle trouve l'équilibre entre sa carrière et sa famille. Une vie confinée à la maison risquerait de la laisser insatisfaite. De toute façon, on peut lui faire confiance, la femme Sagittaire sera toujours capable de coups d'éclat qui briseront la routine !

Au boulot

Les multiples talents de la Sagittaire la prédisposent pour de nombreux métiers. Elle a en plus un besoin très présent de se réaliser professionnellement. Sa volonté et sa capacité d'organisation feront en sorte qu'elle pourra mener à bien tous les projets qui lui sont confiés. Son seul défaut : quand elle connaît un sujet à fond, elle dira à qui veut l'entendre qu'elle est experte en la matière et elle pourrait même avoir tendance à intimider ceux qui ne partagent pas ses connaissances en la matière. Fais attention à ça, très chère !

Si elle fait son chemin dans les arts

Elle travaillera sans doute du côté créatif. Généralement bonne musicienne, elle serait une excellente compositrice. À la télé, elle excellerait comme recherchiste.

Si elle privilégie les affaires

Les relations publiques, la publicité et le marketing sont ses domaines de prédilection. Son besoin de bouger en ferait aussi une efficace représentante.

Si elle devient une professionnelle

On la voit le plus souvent en recherche ou encore en médecine sportive, ce qui assouvit ses envies de mouvement.

Si elle choisit un métier technique

C'est plus rare qu'on retrouve une Sagittaire dans un métier purement technique. Sa hantise de la routine la fera fuir ce genre de boulot. Ceci dit, la création graphique ou informatique pourrait la combler.

Quel sera son style

Comment définir le style de la Sagittaire ? On peut difficilement l'inscrire dans un créneau précis. Plus souvent qu'autrement, elle pimente sa vie (et son look) au gré de ses envies. Comme certaines Sagittaires peuvent être un peu superficielles, cette tendance se dessine dans leur attrait pour les vêtements griffés. Ces représentantes du signe ne reculeront devant rien pour investir dans un morceau qui leur plaît (et qui leur permettra d'épater la galerie). D'autres Sagittaires, plus économes, rechercheront davantage à se vêtir à petit prix, dans le seul but de pouvoir changer de tenue et, en fait, de style, aussi souvent qu'elles le veulent. Dans un cas comme dans l'autre, la Sagittaire tente toujours de faire passer un message par son apparence.

Les qualités de mes défauts ;o)

1. Enthousiaste ⟷	1. Énervée
2. Franche ⟷	2. Peu diplomate
3. Aventureuse ⟷	3. Irresponsable
4. En mouvement ⟷	4. Instable
5. Imaginative ⟷	5. Lunatique
6. Investigatrice ⟷	6. Fouine

Questionnaire

Es-tu une vraie Sagittaire ?

1. Pendant une fête, tu...

a) Tu observes les gens autour de toi et tu attends qu'on vienne te parler.

b) Tu es le centre d'attention. Tu danses au centre d'un cercle de garçons.

c) Tu parles avec tout le monde et tu animes les discussions.

2. À première vue, ta carrière de rêve est...

a) Mécanicienne en avionique

b) Chanteuse d'opéra

c) Prof à l'université

3. L'avion, pour toi, c'est...

a) Ta plus grande crainte.

b) La promesse de vacances dans un forfait tout-inclus.

c) La meilleure invention jamais créée. Ça offre tant de possibilités.

4. Tu as comme mission de vendre du chocolat pour une campagne de financement. Tu...

a) Tu as bien écoulé 4 ou 5 barres... mais c'est toi qui les as achetées !
b) Tu as donné la boîte à ta mère pour qu'elle les vende à ses collègues de travail.
c) Tu dois retourner deux fois au quartier général, car tu as épuisé tout ton stock. On t'en redemande !

5. À l'école, quelle est ta matière préférée ?

a) Les mathématiques
b) Le français
c) L'éducation physique

SI TU AS UNE MAJORITÉ DE A...
Tu es timide, cérébrale et tu manques un peu de confiance en toi. Tu es l'opposée d'une Sagittaire.

SI TU AS UNE MAJORITÉ DE B...
Ma foi, il ne faut pas te froisser. Tu veux être traitée aux petits soins, ça, c'est sûr. Ce qui est aussi certain, c'est que tu n'es pas une Sagittaire.

SI TU AS UNE MAJORITÉ DE C...
Tu as subi les foudres de Jupiter, ce qui explique ton incapacité à rester en place et ta facilité à communiquer. Bref, tu as le caractère d'une Sagittaire.

Le mot de Paloma

CAPRICORNE

Qu'est-ce qui caractérise une Capricorne ? Elle est travaillante, bornée, ambitieuse, sérieuse, taciturne, entière et un peu grognonne. Attends… c'est la Capricorne, ça, ou c'est moi ?

Plus je lis sur le sujet, plus je me rends compte que, malgré mon tempérament d'actrice généralement à l'opposé des natives du Capricorne, je ne pourrais jamais me prétendre dissociée de mon signe solaire. Mon côté théâtral et mélodramatique ne prend vie qu'à travers mon seul but de parvenir à mes fins, c'est-à-dire de vivre pleinement de mon art et de me perfectionner au point d'atteindre la célébrité grâce à mon talent. Je suis une grande passionnée, mais pas en élans fiévreux. C'est une dévotion calculée. Je fonce vers mes objectifs et je m'y consacre toute entière. Je suis plutôt sévère et critique envers moi-même, mais je ne regarde pas en arrière. J'ai une personnalité assez complexe que la plupart des gens n'arrivent pas à saisir… D'ailleurs, il est assez paradoxal que mon côté sceptique et pratique soit mis au défi par un certain attrait pour les sciences occultes. J'adore lire mon horoscope, savoir ce que les planètes me réservent… pour voir si je suis sur la bonne voie ! Et toi ?

Paloma

XX

Paloma

Surnom : Palomina
Date de naissance : 31 décembre
Signe astrologique : Capricorne

Quelque chose qu'il faut savoir à mon sujet :
j'adore les casse-tête.

Ce que j'apprécie le plus chez mes amies :
leur compréhension, la complicité qu'on partage.

Mes principaux défauts :
je suis fantasque, têtue et arrogante.

Mes principales qualités :
je suis entière, déterminée, sensible et très fiable.

Mes occupations préférées :
écouter des films, répéter mes textes.

Ce que je voudrais être :
actrice

Ce que je déteste par-dessus tout :
le ridicule

Mes héros de la vie réelle :
mon prof de théâtre, mon père

Mon héros fictif favori :
Dorothy (dans *Le Magicien d'Oz*)

La musique qui me fait vibrer :
le charleston, le dixieland, le jazz

Mes films préférés :
j'aime tous les genres de films, bien que j'aie un penchant marqué pour le vieux cinéma français et américain.

Ce que j'aime

- Le cinéma
- Philippe Noiret, mon chien
- Les noix de cajou
- Ma famille
- L'intégrité
- La cuisine traditionnelle
- Les roses
- Mes cours de théâtre
- Les jeux de société
- Lire des revues

Ce que je déteste

- L'apitoiement
- Essayer de nouveaux plats
- Le cumin
- La musique country
- Magasiner des maillots de bain
- La vulgarité
- Les voisins envahissants
- Les filles superficielles
- Les jujubes surs
- Les garçons irresponsables

Comment je vois le monde ?

Si je suis vraiment honnête, ma conception du monde se limite plus ou moins à mon environnement. Est-ce par égoïsme, par manque de conscience sociale ou par désintérêt ? Je ne saurais le dire, mais ce dont je suis sûre, c'est que si je m'y attardais davantage, je serais profondément déprimée. Je suis extrêmement interpellée par les notions de justice et d'éthique sociale, mais mon sens inné du drame m'empêche de percevoir la réalité sans en être presque dégoûtée. J'avoue que je préfère m'en détacher et me concentrer sur mon monde pour éviter d'être confrontée. C'est pourquoi je me lance avec ardeur dans mon art ; c'est ma plus belle échappatoire !

Mes aspirations et mes rêves

Je rêve de gloire et de célébrité.

Je rêve de pouvoir jouer d'éloquents drames au grand écran.

Je rêve d'être reconnue pour mon talent.

Je travaillerai dur pour atteindre ces buts; je ne serai pas une parvenue, appréciée uniquement pour son joli minois. Je vous le dis, mon nom brillera dans le ciel du septième art!

Où je me vois dans 15 ans?

- Je serai une actrice en demande à Hollywood.
- J'aurai gagné un Oscar.
- J'habiterai un grand domaine en Californie.
- Je serai sans doute mariée.

La Capricorne

Date : Du 21 décembre au 19 janvier

Jour : Samedi

Élément : Terre

Forces : Discipline, détermination

Faiblesses : Pessimisme, rancune

Maison : Dixième

Planète : Saturne

Saison : Hiver

Couleur : Gris

Pierre précieuse : Grenat

Fleur : Œillet

Villes et pays : Boston, Toronto, États-Unis, Russie

Le caractère Capricorne : Ambitieuse, volontaire, réservée, fataliste et drôle (quand elle le veut bien !)

Devise : Toujours plus haut !

Quelques Capricornes connus

Mariloup Wolfe, actrice et réalisatrice québécoise

Louis Pasteur, inventeur du vaccin, scientifique persévérant

Jeanine Mason, championne de la saison cinq de *So You Think You Can Dance?*

Nostradamus, astrologue du XVIe siècle

Jeanne d'Arc, sainte, figure incontournable de l'histoire de la France

Janis Joplin, chanteuse à la voix éraillée et au parcours difficile

Jordin Sparks, chanteuse populaire, gagnante de la saison six d'*American Idol*

David Bowie
8 janvier

Carla Bruni
23 décembre

Signification de chaque ascendant* pour la Capricorne

Si tu as un ascendant Bélier

Comme tu es cérébrale ! Carriériste à l'extrême, tu es organisée, confiante et volontaire. Ta pensée est nette et dédiée à l'efficacité. Tu as tendance à penser que les sentiments relèvent de la sensiblerie et qu'ils masquent le jugement. On te verra rarement succomber à la passion.

Si tu as un ascendant Taureau

Tu devrais faire davantage confiance à ton instinct. Tu sembles vouloir taire tes élans en rationnalisant chaque aspect de ta vie pour te rassurer. Et l'amour n'y échappe pas ! Ce besoin de sécurité se retrouve aussi dans ton attrait pour les biens matériels. Tu es gentille et aimable, mais on ne doit pas te vexer, car ta puissante mémoire travaille trop souvent au service de ton côté très rancunier.

Si tu as un ascendant Gémeaux

L'ascendant Gémeaux te glisse dans une importante dualité. Le Gémeaux t'apporte une facilité à communiquer, à t'ouvrir, alors que le Capricorne te pousse à analyser tes sentiments avant de les exprimer. De plus, tu as généralement un excellent sens de l'humour, mais tu sembles toujours vouloir tout contrôler. Un peu de fantaisie, peut-être ?

Si tu as un ascendant Cancer

Tu oscilles constamment entre deux aspects de ta personnalité : ton côté comique (qui ressort quand tu es bien dans ta peau et heureuse) et ton côté plus austère (qui apparaît quand tu es contrariée et stressée). La famille est très importante à tes yeux, ce qui rend parfois difficile ton passage à l'âge adulte, car tu aimes bien la sécurité du nid familial.

Si tu as un ascendant Lion

Tu te laisses parfois emporter par tes passions, mais c'est plutôt de courte durée, car tu as peur que ces dernières nuisent à tes ambitions. L'ascendant Lion te donne souvent la force nécessaire pour assumer des positions d'autorité. Ceci dit, fais attention de ne pas en abuser et de te servir de ça pour arriver à tes fins.

Si tu as un ascendant Vierge

Tu es un peu difficile d'approche, mais ceux qui te connaissent bien t'apprécient beaucoup. Tu es intelligente, férocement efficace, mais assez critique. Tu es aussi plutôt conservatrice, particulièrement en amitié. Tu es très fidèle, mais c'est ta tête plus que ton cœur qui te dicte tes agissements.

* Consulte le tableau aux pages 20 et 21 pour découvrir ton ascendant.

Si tu as un ascendant Balance

Tu es altruiste, attentionnée et très enracinée. Tu sais ce que tu vaux et tu t'en sers de la bonne façon. Tu as un sens du devoir à toute épreuve. Tu as souvent besoin de changements dans ta vie; ces derniers te permettent de t'épanouir et de réaliser ton plein potentiel.

Si tu as un ascendant Scorpion

Tu es sans doute la plus passionnée des Capricornes, mais ça reste un secret bien gardé. Le Scorpion te plonge dans le mystère et fait en sorte que tu te fermes aux autres. Par contre, tu as un talent inouï pour cerner les gens et dévoiler leurs secrets. Tu apprécies les petits bonheurs au quotidien; tu n'es pas très exigeante.

Si tu as un ascendant Sagittaire

Tu as généralement confiance en toi. Ta curiosité est sans borne et tu aimes aller au fond des choses. Ton humeur souvent en montagnes russes ne t'empêche pas d'aller de l'avant et de croire en tes projets. Tu es plutôt économe, dans la vie comme en amour. Tu aurais avantage à te laisser aller davantage dans tes relations.

Si tu as un ascendant Capricorne

Toi, quand tu as un but, rien ni personne ne peut t'empêcher de l'atteindre. Et tu iras au bout de tous tes projets en respectant toutes les étapes, sans passe-droit ni privilège. Toute ta vie est gérée par un système de règles à toute épreuve. Même ton cœur doit répondre à tes exigences rationnelles. En couple, tu es sans doute la plus fidèle des Capricornes.

Si tu as un ascendant Verseau

Tu es sûrement la moins matérialiste des Capricornes. Les biens qui t'intéressent sont intellectuels. Tu tiens mordicus à pouvoir t'exprimer, en tout temps, et sur tous les sujets. Tu es somme toute discrète, loyale et sincère, et tu aurais avantage à avoir davantage confiance en toi.

Si tu as un ascendant Poissons

Tu as plus de difficulté à composer avec tes responsabilités que la plupart des Capricornes. Le côté ultra sensible des Poissons entre en conflit avec le côté rationnel du Capricorne et te laisse souvent triste ou habitée du sentiment de ne pas être à la hauteur. Fais confiance à ton instinct. Tu pourras alors te réconcilier avec ton émotivité; elle qui te fait vivre de si belles amitiés.

Dans la tête d'une Capricorne

« Attention, la vie... j'arrive ! »

Les signes avec lesquels j'ai le PLUS d'atomes crochus

Leila

Bélier, pourquoi ?

- Nous sommes les meilleures amies du monde
- Nous sommes toutes les deux idéalistes, donc nous ne nous tapons pas sur les nerfs avec nos idées grandioses
- Nous nous complétons bien

Virginia

Vierge, pourquoi ?

- Nous sommes fidèles l'une envers l'autre
- Nous n'abandonnons jamais
- Nous pouvons mutuellement nous faire confiance

Yin

Verseau, pourquoi ?

- J'admire l'intelligence de la Verseau
- La Verseau admire ma détermination
- Bref, nous nous aimons bien

Les signes avec lesquels j'ai le MOINS d'atomes crochus

Clothilde

Lion, pourquoi ?

- Nous ne nous entendons pas
- La Lion n'est pas réaliste et ça me fatigue
- L'une est souvent déçue par les comportements de l'autre

Keera

Scorpion, pourquoi ?

- Nous avons tout pour ne pas nous entendre
- Nous n'arrivons pas à entrer dans l'intimité l'une de l'autre
- Nous nous faisons difficilement confiance

Sabrina

Poissons, pourquoi ?

- La Poissons ne me comprend pas; elle me trouve trop sérieuse
- Je ne comprends pas la Poissons; je la trouve trop frivole
- Je ne suis pas une amie assez présente aux yeux de la Poissons

Dans la réalité, c'est vrai qu'on ne peut pas plaire à tout le monde, mais ça, tu l'as bien compris, chère Capricorne. Peu importe ce que pensent les autres, toi, tu sais que tu peux être aimable, affable et très drôle... dans la mesure où ça n'interfère pas avec les buts que tu t'es fixés. Et c'est cette détermination à toute épreuve qui peut induire les gens en erreur et les amener à penser que tu es... comment dire ? Un peu bornée. ;-)

Être Capricorne au jour le jour

La Capricorne en famille

Très introvertie, la fillette Capricorne donne souvent l'impression d'être une petite adulte. Sa grande force intérieure lui confère un calme profond et une détermination déconcertante pour ses proches.

La Capricorne s'épanouira plus facilement dans un foyer où on lui confie des responsabilités. Elle a tellement besoin de faire ses preuves qu'elle a tendance à mettre de côté le jeu pour prouver à ses parents qu'elle est toujours à la hauteur et qu'ils peuvent se fier sur elle, en toutes situations.

Si elle est l'aînée de la famille, elle prend un soin jaloux de ses plus jeunes frères et sœurs. Si elle est la cadette de la famille, elle met habituellement tout en œuvre pour « grandir » le plus rapidement possible. Le défi de la Capricorne est de lâcher son fou ! Plus elle vieillit, plus elle voit approcher le moment de quitter le nid familial, plus son sens des responsabilités s'aiguise. Le fait de vieillir la rapproche de ses buts, mais il peut arriver qu'elle se sente coupable de partir de la maison, car elle craint que ses parents ne puissent pas se débrouiller sans elle. Paradoxalement, c'est aussi à cet âge que la Capricorne recherche à tout prix l'approbation parentale, et plus particulièrement la fierté paternelle.

La Capricorne en amitié

Quiconque fait partie de l'entourage intime de la Capricorne est choyé. Elle ne s'attache pas facilement, mais les quelques amies qui entrent dans son cercle sont là pour rester. Une fois qu'elle a mis sa méfiance de côté, la Capricorne est une amie extraordinaire qui sait être là quand on a besoin d'elle. Une chose est certaine, la Capricorne aime les gens vrais, et se tient loin des grands parleurs et des superficiels. Par contre, comme elle sait très bien tirer profit de chaque situation, la Capricorne a de nombreuses connaissances et amies de passage, mais ces dernières ne font partie du décor que si elles peuvent lui apporter quelque chose. Ça semble un peu opportuniste, dit comme ça, non ? En fait, c'est surtout que la Capricorne n'aime pas être éparpillée. Elle détermine son cercle restreint et y concentre toutes ses énergies.

Les rares amies proches de la Capricorne peuvent toujours compter sur elle. Jamais elle ne fait une promesse qu'elle ne peut tenir. Et ni le temps ni la distance n'altéreront l'amitié qui les unit. Ses plus grandes qualités en amitié ? Sa fiabilité et sa stabilité. Ses plus grands défauts ? Son manque d'écoute et sa rancune.

La Capricorne en amour

Le sens du devoir est probablement ce qui teinte le plus les relations amoureuses de la Capricorne. Elle n'est pas très frivole ni animée de grands élans enflammés. Bien au contraire, elle aime l'amour stable, l'amour engagé, l'amour respectueux. Ses priorités sont le respect et la tendresse plus que la passion. Ses relations sont souvent bâties d'abord sur de l'estime. Comme elle a de la difficulté à se laisser aller dans toute situation, la Capricorne a besoin de temps avant de s'investir dans un couple.

Étrangement, elle est souvent satisfaite quand l'harmonie est acquise au prix d'un certain effort. Rien n'est moins probable pour elle qu'un coup de foudre, synonyme à ses yeux d'une perte de contrôle. Son sens profond des responsabilités en fait toutefois une amoureuse pleine d'affection, prête à donner plus qu'à recevoir. Mais attention, la seule chose qui justifie ce comportement, c'est sa profonde hantise d'être dépendante de l'autre et d'avoir le sentiment de lui devoir quelque chose.

La Capricorne à l'école

Sérieuse, intelligente, responsable et persévérante, la Capricorne a tout pour réussir en classe. Elle a en plus un esprit fort qui lui permet de prendre les devants et de ne pas être intimidée par ses camarades. On la retrouvera souvent en tant que présidente de groupe ou capitaine d'une équipe.

Ses qualités lui permettent d'obtenir, la plupart du temps, d'excellents résultats. Elle s'implique et participe activement en classe, mais toujours dans le seul et unique but d'obtenir une récompense pour ses efforts, c'est-à-dire de faire un pas de plus vers les objectifs qu'elle s'est fixés. Généralement avide d'apprendre, la Capricorne est aussi dotée d'une grande sagesse qui lui permet de passer à travers son parcours scolaire sans trop d'épreuves... à condition qu'elle y mette du sien !

Boule de cristal, quelques prédictions...

Lis ce qui suit pour découvrir ce que le ciel te réserve... mais rappelle-toi toujours que les vraies prédictions, c'est ton cœur qui te les dicte et tu as toujours le choix d'influencer le cours de ton destin !

En amour

Mots-clés : En amour, et ce, quel que soit son âge, la Capricorne ne pourra supporter de se sentir dépendante. Elle recherchera une relation simple et durable, où régneront le respect et la tendresse. La Capricorne devra être épaulée dans la réalisation de ses ambitions, comme elle aura toujours besoin d'avoir le contrôle de la situation.

Amours d'ado : La jeune Capricorne semble attirer seulement des garçons qui ne la comprennent pas et qui tentent de la changer, de la faire sortir d'elle-même et de sa timidité. A-t-on besoin d'ajouter qu'ils n'ont pas beaucoup de succès ?

Jeune adulte : Assez centrée sur elle-même, la Capricorne aura de la difficulté à être heureuse dans ses relations, car elle est trop prudente. Elle trouvera difficile d'approcher les gens qu'elle ne connaît pas beaucoup, par peur de devoir faire des compromis. Elle devra toujours être sûre de son coup avant de plonger.

Vie de famille : Généralement conservatrice et traditionaliste, la Capricorne trouvera souvent son compte dans le mariage. Si c'est ce qu'elle souhaite, comme elle va toujours au bout de ses engagements (c'est une question viscérale; elle ne fera pas ça que par principe), il y a de fortes chances qu'elle se marie pour la vie. Ceci dit, beaucoup de Capricornes préféreront le célibat... du moins le temps que se développe leur carrière.

Copains de choix :

Côté cœur, quels sont les signes avec lesquels j'ai le plus d'affinités :

- Cancer : compréhensif et exaltant
- Gémeaux : joyeux et à l'écoute
- Vierge : intelligent et organisé

En vacances

Très entière dans tous ses choix, la Capricorne aimera voyager, dans la mesure où ses voyages ont un but précis : une occasion d'affaires, du repos forcé, une fête de famille, etc. Elle n'a pas le profil pour partir à la légère, sur le pouce, sac au dos. Pour se reposer, elle aimera les destinations où elle aura accès à un certain luxe. Missions humanitaires ? Très peu pour elle.

En d'autres mots, à moins que ce ne soient ses affaires qui l'amènent aux quatre coins du globe, la Capricorne sera plus à l'aise lors de petites escapades locales, qui ne prennent pas trop de temps, et où elle peut rentabiliser le temps passé en famille ou entre amis. Ne lui parlez pas de destinations exotiques où elle ne sait pas à quoi s'attendre. La Capricorne a besoin d'avoir le contrôle en tous lieux et en toutes choses.

Partenaires hors pair

Côté tourisme, quels sont les signes avec lesquels j'aurai le plus de plaisir à voyager ?

- La **Vierge** pour son côté organisé et efficace
- La **Balance** pour son goût des belles choses

En amitié

Dans sa vie, même si ça semble étrange à dire, les amitiés seront importantes, mais pas essentielles au bien-être de la Capricorne. Il ne faut pas s'y méprendre; elle sera capable d'entretenir de grandes et profondes amitiés, mais ces dernières ne devront pas, à ses yeux, être alimentées au jour le jour.

Comme lorsqu'elle prend une décision très rationnelle, la Capricorne choisira ses amitiés et les placera dans une petite case de sa vie. Elle n'aura pas besoin de les valider à tout bout de champ. Bien qu'en la présence de ses amies, elle sera toujours là à 100 %, la Capricorne ne verra pas la nécessité d'être avec elles ou de leur parler tous les jours. Souvent, sa famille, sa carrière et ses préoccupations personnelles suffiront à combler ses journées. Les amies de jeunesse de la Capricorne la suivront toute sa vie, si et seulement si elles savent respecter ses choix et ses limites. Et gare à ceux et celles qui la froisseront... La rancune de la Capricorne est l'une des choses qui, chez elle, ne s'atténueront pas avec le temps !

En famille

Pour la Capricorne en famille, tous les scénarios sont possibles, mais ils convergeront en un point : la poursuite des objectifs fixés. Si la Capricorne choisit d'avoir des enfants, il se pourrait que cette décision soit envisagée comme un projet et l'éducation de sa marmaille deviendrait alors un but à conquérir. Le côté positif de cette attitude, c'est que la Capricorne remuera ciel et terre pour que ses rejetons réussissent dans la vie. Le côté négatif, c'est que si ses enfants n'atteignent pas les buts qu'elle a fixés pour eux, elle risque d'être amèrement déçue. D'ailleurs, comme elle s'est elle-même responsabilisée trop jeune, elle devra faire attention de ne pas exiger la même chose de ses enfants !

Il reste que, tout au long de sa vie, la famille sera, pour la Capricorne, un refuge, la seule certitude profonde qu'elle aura. À tout âge, elle cultivera un sentiment d'appartenance à ses racines comme à sa progéniture qui la rendra très, très fière.

Au boulot

Force, acharnement, persévérance, ambition, constance, méthode, patience, autonomie et détermination sont tous des mots qui expliquent l'incontournable réussite qui attend la Capricorne. Dévouée à sa cause, sérieuse et toujours en quête d'un accomplissement personnel, rien ne sera à l'épreuve de cette têtue du zodiaque.

Si elle fait son chemin dans les arts

Quel que soit son médium de prédilection, elle est née pour briller. Elle ne baissera jamais les bras avant d'avoir atteint la gloire et la célébrité. Ceci dit, elle ne pourrait se contenter d'être une vedette; elle doit être une artiste en pleine possession de son art.

Si elle privilégie les affaires

Très douée pour les mathématiques, elle est toute disposée à devenir économiste, actuaire, conseillère financière... Son esprit logique mis au service de tâches qui lui permettront de faire fructifier de l'argent.

Si elle devient une professionnelle

Son amour du débat et de la dialectique en ferait une efficace politicienne.

Si elle choisit un métier technique

Née pour travailler, elle ne se rebutera pas devant des métiers très exigeants, comme fermière ou constructrice, par exemple. Elle s'accomplira également dans des carrières de haut niveau comme ingénieure ou architecte.

Quel sera son style

Son mot-clé ? Conventionnelle. La Capricorne, influencée par Saturne, sera plus austère que flamboyante, plus conservatrice qu'à la page. Ceci dit, son désir d'être reconnue lui confère un attrait pour les vêtements griffés, car elle croit que ces derniers lui donnent du prestige.

Plus jeune, elle s'habillera pour se fondre dans la masse. On la verra rarement se vêtir de trucs excentriques et voyants. Dans sa vie de tous les jours, elle privilégiera des vêtements confortables, des coupes classiques, des couleurs neutres.

À son travail, elle sera toujours habillée convenablement. On la verra toujours bien mise, car elle sait que la première impression est celle qui compte et elle ne prendrait jamais le risque de perdre une occasion d'affaires ou une promotion pour quelque chose d'aussi volatile que le look.

Les qualités de mes défauts ;o)

1. Ambitieuse	1. Opportuniste
2. Fidèle à mes opinions	2. Rancunière
3. Réaliste	3. Pessimiste
4. Disciplinée	4. Inflexible
5. Prudente	5. Timide
6. À mon affaire	6. Trop sérieuse
7. Organisée	7. Rigide

Questionnaire

Es-tu une vraie Capricorne ?

1. Tes amies sont plus susceptibles d'être...

a) Des filles simples, posées.
b) Des accros du magasinage et des potins.
c) Des maniaques des maths, toujours à l'affût des nouveautés technologiques.

2. Quand tu prépares un exposé oral, tu...

a) Tu fais d'abord un plan. Tu rédiges ensuite complètement chaque partie, que tu répéteras avec attention jusqu'à ce que tu connaisses ton sujet sur le bout des doigts.
b) Tu te prépares en vitesse. Tu note deux ou trois grandes lignes concernant ton sujet et tu fonces, en misant sur ton charme pour pallier le manque de matière.
c) Tu prépares un plan détaillé. Tu ne vas pas plus loin, car tu préfères les exposés qui paraissent naturels. Tu es assez à l'aise avec ton sujet pour te débrouiller devant la classe.

3. Il y a une fête d'Halloween, chez Sandra, ce soir. Tu...

a) Tu hésites longtemps avant d'y aller. Et tu n'y vas que si, et seulement si, tu arrives à dénicher un costume vraiment bien fait, dans lequel tu feras fureur et surtout dans lequel tu seras à l'aise.
b) Tu as tellement hâte ! Depuis le temps que tu rêves de mettre ton costume de sirène ! Tu vas en faire craquer plus d'un !
c) Tu ramasses quelques bricoles et tu les enfiles pour avoir l'air déguisée. L'important, c'est de participer !

4. Ta voisine te demande de venir garder ses enfants pour la soirée. Tu...

a) Tu acceptes immédiatement. Tu t'assures que tes parents soient disponibles pour venir te donner un coup de main au besoin. Voilà une belle façon d'amasser quelques sous.
b) Tu refuses net. Tu es bien trop jeune pour commencer à travailler.
c) Tu acceptes. Tu n'avais rien d'autre de prévu et tu sais que tu vas bien rigoler avec les tout-petits.

5. Des rumeurs commencent à circuler à propos d'un de tes collègues de classe. Tu...

a) Tu préfères ne pas les entendre. Ce que les gens peuvent être méchants ! Surtout, ils ont bien du temps à perdre.
b) Tu t'assures d'en connaître la dernière version. Tu fais en sorte également que tout le monde soit bien au courant.
c) Ça ne te concerne pas... et c'est tant mieux.

SI TU AS UNE MAJORITÉ DE A...
Capricorne tu es et tu resteras. Oui, c'est bien Saturne qui est derrière tout ça.

SI TU AS UNE MAJORITÉ DE B...
Ma chérie, tu as l'étoffe d'une diva. Tu n'es pas bien méchante, mais tu as un criant besoin d'attention. Surtout, tu n'es pas une Capricorne.

SI TU AS UNE MAJORITÉ DE C...
Tu es relax, bien dans ta peau et tu te laisses porter par l'air du temps. Sympa ? Définitivement. Capricorne ? Certainement pas.

Le mot de Yin

VERSEAU

Que nous apprend l'astrologie ? Qui l'on est ? Ce que l'on devrait être ? Ce que nous allons devenir ? Allons donc !

Moi, je préfère fouiller dans mes souvenirs pour savoir d'où je viens, vivre chaque moment intensément pour déterminer qui je suis et me projeter dans l'avenir, puis faire tout plein de projets pour déterminer qui je serai. La voilà, ma science. Je rêve, j'invente et je partage. Je me connais bien : je suis coquette, capricieuse, coquine et curieuse. J'aime fabriquer des bijoux et des babioles originales. J'adore ma famille, mes amies et mon chat, Yang. Je ne vais nulle part sans lui. Je suis sensible, visionnaire, et j'ai un sens esthétique très aiguisé. Je sais aussi que je suis têtue, patiente, aimable et ouverte.

Mais je suis aussi tannante, grognonne et je change d'humeur comme je change de collier. Bon, d'accord, peut-être que tout ça fait de moi une Verseau. Si je lis ce qui suit, je suis bien obligée de me rendre à l'évidence; mais je préfère encore dire que je suis moi. Je suis Yin et je suis profondément unique, originale et sans pareille. Ce sont mes amitiés et mes rêves qui me définissent avant tout. Toi, qui es-tu et comment te différencies-tu des autres ? Va voir les pages qui suivent... tu m'en donneras des nouvelles !

Yin

xx

Yin

Surnom : Yin
Date de naissance : 7 février
Signe astrologique : Verseau

Quelque chose qu'il faut savoir à mon sujet :
je suis vraiment coquette.

Ce que j'apprécie le plus chez mes amies :
leur loyauté et leur disponibilité.

Mes principaux défauts :
je suis éparpillée, un peu condescendante et trop gourmande.

Mes principales qualités :
je suis originale, loyale, créative et engagée.

Mes occupations préférées :
courir les soldes et les bazars pour trouver la matière première pour créer mes bijoux, discuter avec mes amies

Ce que je voudrais être :
créatrice de bijoux excentriques

Ce que je déteste par-dessus tout :
la monotonie

Mes héros de la vie réelle :
ma mère, Mère Teresa

Mon héros fictif favori :
Harry Potter

La musique qui me fait vibrer :
la musique pop

Mes films préférés :
les comédies romantiques et les films de danse

Ce que j'aime

- Mon chat, Yang
- Mes amies
- Faire des bijoux
- Magasiner dans les marchés aux puces
- Rire
- Écrire des courriels
- Prendre des photos
- Manger
- Le maquillage
- Les ordinateurs

Ce que je déteste

- La papaye
- L'égoïsme
- La solitude
- Le manque de respect
- Les pâtes au blé entier
- Le laisser-aller
- Tout ce qui est ordinaire
- Les films d'horreur
- Les pantoufles tricotées
- Être rationnée

Comment je vois le monde ?

Si je suis bien honnête, je vois le monde comme un champ de possibilités. Je suis consciente de tout ce qui s'y passe, de tous les drames qui s'y déroulent, de toutes les difficultés que les gens y rencontrent... mais je sens que je fais partie de ce tout. Je sais que ma réalisation personnelle se trouve autant dans mon petit univers (ma famille, mes amies, mon chat et mes bijoux) que dans celui, plus grand, de l'humanité. Je suis de celles qui croient que ce qu'on fait aujourd'hui, à petite ou à grande échelle, aura un impact sur la vie future. Alors, oui, je vis ma petite vie, mais je fais des efforts concrets pour faire ma part, à ma façon. Je m'implique dans ma communauté. Plus tard, je m'impliquerai pour l'humanité.

Mes aspirations et mes rêves

C'est drôle, parce que, pour moi, la façon concrète d'imaginer mon avenir, c'est à travers mes idéaux. Je veux créer, je veux aider, je veux être entendue, je veux que ça change. J'ai de grandes aspirations, certaines personnelles, d'autres plus philanthropiques. Je veux être grande, je veux être libre, je veux avoir les moyens de réaliser tout ce qui m'anime, tout ce que j'ai en tête.

Où je me vois dans 15 ans ?

- J'aurai ma compagnie de création de bijoux sur mesure.
- Je ferai partie d'un groupe de soutien des droits humanitaires et du progrès scientifique.
- J'aurai déjà à mon actif deux ou trois missions d'aide à l'étranger.
- J'habiterai avec ma famille, près de chez mes parents.
- Mes bijoux originaux seront très prisés et recherchés.

La Verseau

Date : Du 20 janvier au 18 février

Jour : Samedi

Élément : Air

Forces : Loyauté, inventivité

Faiblesses : Contradiction, détachement

Maison : Onzième

Planète : Uranus

Saison : Hiver

Couleur : Beige

Pierre précieuse : Améthyste

Fleur : Violette

Villes et pays : Pékin, Montréal, Belgique, Inde

Le caractère Verseau : Indépendante, aimable, imprévisible, altruiste, originale et difficile à cerner

Devise : Quand on est deux, ça va deux fois mieux.

Quelques Verseaux connus

Justin Timberlake, chanteur populaire américain

Gregory Charles, artiste multidisciplinaire et multitalents québécois (un peu hyperactif)

John Travolta, acteur américain qui a la *Fièvre du samedi soir*

David Lynch, réalisateur de génie

Christian Dior, créateur de mode de renom

Humphrey Bogart, acteur américain qui a obtenu la gloire grâce au *Tramway nommé désir*

Wayne Gretzky, légende vivante du hockey

Colette, écrivaine française du siècle dernier

Schubert, compositeur sensible, acclamé d'hier à aujourd'hui

Rabelais, écrivain humaniste français du XVIe siècle

Oprah Winfrey
29 janvier

James Dean
8 février

Signification de chaque ascendant* pour la Verseau

Si tu as un ascendant Bélier

La combinaison de cet ascendant avec ton signe te stimule et renforce tes talents de communicatrice, ce qui est une bonne chose, car tu as tellement de projets et d'idées que tu as besoin d'aide pour les réaliser. Tu es extrêmement enthousiaste, dans la vie comme en amour. Tu veux être exaltée en toutes situations.

Si tu as un ascendant Taureau

L'ascendant Taureau te donne envie de goûter à tous les plaisirs de la vie, mais tu en profites de façon irréfléchie et il t'arrive de le regretter. Tu souhaites construire ta vie sur des bases solides, mais ta tendance rêvasseuse et tes élans d'illusion ne t'aident pas trop dans ton entreprise. En amour, ça pourrait te mener à certaines infidélités. Pas trop d'excès de frivolité, mademoiselle !

Si tu as un ascendant Gémeaux

Ta personnalité se divise en deux : en amour, tu es insaisissable et tu as peur de l'engagement, alors qu'en amitié, tu es hyper loyale. Ceci dit, dans tous les cas, tu es assez indépendante, malgré ta peur d'être seule. Ton esprit innovateur et original te donne de belles possibilités de réussite dans le domaine artistique.

Si tu as un ascendant Cancer

Tu es la plus chanceuse des Verseaux. Ta vie est remplie de grandes surprises et de hasards favorables... qui souvent peuvent te sortir de mauvais pas. Sur le plan émotif, tu es pleine de contradictions. Tu es super indépendante, mais tu as un grand besoin d'affection.

Si tu as un ascendant Lion

Tu vis un paradoxe intéressant : ton signe te rend très altruiste, mais ton ascendant te pousse vers l'égocentrisme. Toi seule peux décider le côté que tu privilégieras. Généralement, ton besoin de communication et de partage prendra le dessus. En amour, tu peux avoir tendance à tomber amoureuse de garçons qui ne sont pas du tout faits pour toi, alors que ta fougue te pousse à faire des choix passionnés tandis que ton esprit indépendant te dicte tout autre chose.

Si tu as un ascendant Vierge

Tu as besoin d'être prise en charge, entourée, aimée, mais tu as de la difficulté à exprimer tes envies. Tu es parfois prête à prendre des risques, mais ton besoin de sécurité reprend vite le dessus. Cette dualité a beaucoup d'effet sur ton estime de toi. Fais-toi confiance et fais-toi entendre !

* Consulte le tableau aux pages 20 et 21 pour découvrir ton ascendant.

Si tu as un ascendant Balance

Ton charme et ton charisme naturels alimentent ton besoin de plaire. Ta hantise de la solitude est poussée au point de toujours avoir peur d'être rejetée. En amour, tu es sincère, exigeante et romantique. Tu as donc parfois de la difficulté à être satisfaite. Tu es singulièrement intelligente, mais tu as un peu tendance à t'asseoir sur tes lauriers. Allez, au travail !

Si tu as un ascendant Scorpion

Tu es instable, perspicace, franche et indépendante. Tu es donc une amoureuse un peu capricieuse et difficile à suivre, mais tu es capable de véritables passions. Ton esprit analytique fait de toi une fine psychologue et ton besoin de résoudre des énigmes te prédispose à bien des métiers liés à la recherche. Les gens sont plus attirés par ton aura de mystère et d'originalité que par ton amabilité disons... plus subtile !

Si tu as un ascendant Sagittaire

Animée, enthousiaste et communicatrice, tu ne retires que le positif de ton ascendant. Tu es sans doute la plus idéaliste des Verseaux et ton esprit humanitaire est ici poussé à l'extrême. Ce dernier, jumelé à tes envies d'évasion, peut te permettre d'accomplir de grandes choses. Tu es généralement aimée de tous.

Si tu as un ascendant Capricorne

Tu es intelligente et travaillante, mais pessimiste et secrète. Tes grandes ambitions peuvent ainsi être freinées par ta peur de te tromper ou de ne pas réussir. Ceci dit, ta facilité à communiquer, doublée de ton esprit analytique, te permettra de te réaliser pleinement et d'aller au bout de toi.

Si tu as un ascendant Verseau

Mademoiselle originale, tu es inventive, intelligente, provocatrice, souvent géniale, mais aussi tellement rêveuse ! Tu mets toujours tout en œuvre pour ne pas te fondre dans la masse. Si les Verseaux sont imprévisibles, toi, on ne peut carrément jamais te voir venir ni anticiper aucun de tes mouvements. À certains, tu donnes le vertige, mais la plupart te trouvent positivement stimulante.

Si tu as un ascendant Poissons

Tu es l'incarnation même de ce qui pourrait faire choquer toute personne le moindrement terre-à-terre. Tu es la grande parleuse par excellence, toujours animée de mille et un projets, incapable de tenir en place, mais pas nécessairement prompte à passer à l'action. Tu es naïve et pas très organisée, mais intuitive et charmante, ce qui te sort toujours des situations embarrassantes où tu peux te retrouver.

Dans la tête d'une Verseau

« Si chacun met la main à la pâte, on pourra faire bouger les choses. »

Les signes avec lesquels j'ai le PLUS d'atomes crochus

Momoko

Gémeaux, pourquoi ?

- Nous nous ressemblons en plusieurs points
- Nous avons une belle complicité
- L'une a beaucoup d'admiration pour l'autre, et vice-versa

Virginia

Vierge, pourquoi ?

- Notre loyauté est à toute épreuve
- Nous pouvons toujours compter l'une sur l'autre
- Rien ne peut nous fâcher l'une contre l'autre

Sabrina

Poissons, pourquoi ?

- Nous nous encourageons mutuellement
- Nous ne nous ennuyons jamais ensemble
- Nous sommes drôles, toutes les deux

« Je ne peux pas croire que tu ne comprends pas.
C'est pas compliqué, pourtant. »

Les signes avec lesquels j'ai le MOINS d'atomes crochus

Éloïse

Sagittaire, pourquoi ?

- La Sagittaire n'a pas le sens de l'humour
- Je suis bien trop moqueuse
- Nous manquons toutes les deux de tact, alors nos échanges sont parfois flamboyants !

Margrit

Balance, pourquoi ?

- Nous sommes si différentes !
- Nous n'avons pas grand-chose à se dire
- La Balance est bien trop sage à mon goût

Keera

Scorpion, pourquoi ?

- Nous n'arrivons pas à communiquer; nous sommes trop différentes
- Je ne suis pas assez intègre aux yeux de la scorpion
- Elle m'énerve avec tous ses mystères !

Tous les paradoxes dans la perception qu'on peut avoir des gens se concrétisent dans l'attitude de la Verseau. Ainsi, oui, la Verseau est particulièrement intelligente et inventive, mais elle donne l'impression d'en être bien consciente et de se targuer d'être au-dessus des autres grâce à ça. Son constant besoin de changement la rend très stimulante et dynamique, mais très difficile à suivre. De plus, ses grandes qualités amicales sont parfois voilées par son détachement apparent. Et, bien qu'elle adore argumenter, elle est loin d'être intransigeante. Son seul but : dénicher la vérité.

Être Verseau au jour le jour

La Verseau en famille

Ses parents doivent en voir de toutes les couleurs! Très cérébrale et si intelligente pour son âge, la jeune Verseau tient à se démarquer à tout prix, et c'est vrai aussi dans sa famille. Contrairement à la Capricorne qui semble être née adulte, la Verseau revendique le fait de grandir plus vite, ne serait-ce que pour gagner son indépendance.

Comme elle a de la difficulté à obéir, la Verseau doit sûrement vivre quelques confrontations avec ses parents. Ceci dit, ces affrontements ne sont pas le résultat de frictions de personnalité, mais d'un besoin impérieux de s'affranchir de tout ce qui est figé et conventionnel. Au-delà de ses envies de liberté, la Verseau voue toutefois un profond attachement à sa famille. Elle a généralement beaucoup d'affinités avec sa mère, mais avouer ça équivaudrait à accepter l'autorité, alors elle n'en fait pas trop mention. Son orgueil l'empêche de dire qu'elle a besoin de ses parents, mais il reste qu'ils incarnent la sécurité, cette valeur sur laquelle elle peut toujours compter. De la même façon, derrière sa façade détachée, la Verseau garde toujours l'œil ouvert pour protéger ses frères et sœurs. Qu'elle soit l'aînée ou la cadette, elle risque de rendre la vie difficile pour ses sœurs, qui ne se sentiront jamais à la hauteur. Avec ses frères, la Verseau est moins exigeante.

La Verseau en amitié

La Verseau a une personnalité forte et un grand magnétisme qui attire les gens. Elle possède une aisance, un charisme et un altruisme peu communs qui font en sorte qu'elle est comblée lorsqu'elle est bien entourée. Ses amies doivent somme toute composer avec son orgueil assez puissant, son humeur changeante, puis avec son pessimisme et son irritabilité passagers.

Sensible et timide ou exubérante et dynamique, la Verseau a plusieurs visages, et sa versatilité fait d'elle une amie polyvalente. Elle a de grandes convictions qu'elle poursuit avec détermination, et l'une d'elles est qu'elle a besoin d'être entourée pour bien fonctionner et atteindre ses buts, tout en protégeant jalousement son indépendance. Ses amies, compréhensives et disponibles, sont ses meilleures alliées.

La Verseau en amour

Amoureuse tenace et fidèle, elle ne laisse pas son cœur au premier venu. L'amitié doit être à la base de toutes ses relations. Seul le temps dira si elle se laisse conquérir au-delà de ses limites. Ses idéaux sont si grands qu'elle place la barre haute pour quiconque veut la séduire. Les affaires de cœur ne passent pas par-dessus son esprit analytique, mais bien au travers, puis elles y sont décortiquées. Toutes ces questions la font paraître froide à première vue, mais lorsqu'elle choisit de donner son cœur, généralement, c'est pour la vie.

Ses relations sont aussi complexifiées par sa difficulté à exprimer ses véritables émotions. Pourtant, ce n'est pas les facultés de communication qui lui manquent... C'est plutôt le dédain de devoir s'expliquer qui la pousse à agir ainsi. Pourtant, elle est si sensible, la Verseau. En d'autres mots, toute son exubérance, ou son besoin d'attention, se traduit normalement par un criant besoin d'être aimée et comprise. Ses attentes sont trop grandes et ses déceptions, trop destructrices. Chère Verseau, laisse un peu tomber ton jugement, tu veux bien ?

La Verseau à l'école

La Verseau n'est pas toujours heureuse à l'école, car son mépris des conventions et des règles mine son intérêt. Pourtant, son intelligence naturelle devrait bien la servir en milieu scolaire, au point de dérouter ses professeurs. Quand elle est interrogée, ses réponses sont souvent d'une rigueur surprenante, d'une profondeur inattendue. Ce qui l'empêche de performer, ce sont les cadres rigides dans lesquels elle doit évoluer. Étudier ? Pas trop souvent. Elle apprend vite, elle comprend en un éclair, mais elle a fortement tendance à miser sur ses acquis et à ne pas fournir les efforts nécessaires à sa réussite scolaire. Sa nature révolutionnaire ne convient pas bien au système d'éducation. Elle trouvera sans doute une plus grande satisfaction dans sa carrière professionnelle que dans son parcours scolaire.

Boule de cristal, quelques prédictions...

Lis ce qui suit pour découvrir ce que le ciel te réserve... mais rappelle-toi toujours que les vraies prédictions, c'est ton cœur qui te les dicte et tu as toujours le choix d'influencer le cours de ton destin !

En amour

Mots-clés : La Verseau, rêveuse et exigeante, pourra avoir de la difficulté à trouver l'amour, car le concept de l'amour est pour elle insaisissable. Sensible et émotive, elle aura tendance à vouloir refouler ses sentiments, car elle craindra que ces derniers teintent son jugement. En ce sens, son orgueil l'empêchera de se voir telle qu'elle est et d'arrêter de douter de sa capacité à aimer.

Amours d'ado : En amour, la jeune Verseau sera maladroite et incertaine. Si on l'approche, elle tentera toujours de tourner les tentatives de séduction en appels d'amitié. De son côté, en secret, elle tombera facilement amoureuse de garçons inaccessibles. Dans sa vie de tous les jours, elle laissera paraître qu'elle est bien au-dessus de tout ça.

Jeune adulte : La Verseau gardera longtemps son malaise vis-à-vis de l'amour et, même à l'aube de sa vie d'adulte, elle réagira comme une adolescente gauche et timide lorsqu'on tentera de la séduire. Si toutefois elle se laisse aller et qu'elle est trahie, les conséquences pourraient être désastreuses. Elle a du caractère, la Verseau!

Vie de famille : Quand elle aura mis de côté son jugement et gagné en sagesse, la Verseau ouvrira sans doute ses portes à l'amour; l'amour vrai, l'amour durable. Une fois conquise, elle est capable d'une grande fidélité. Son compagnon idéal sera présent, attentionné, compréhensif et patient.

Copains de choix :

Côté cœur, quels sont les signes avec lesquels j'ai le plus d'affinités :

- Balance : masculin et équilibré
- Sagittaire : indépendant et nomade
- Verseau : solidaire et fantaisiste

En vacances

La Verseau adore voyager, mais elle doit avoir un but : soit aller aider, soit se reposer. Dans les deux cas, ce qui la poussera à partir, c'est qu'elle saura qu'elle peut revenir vers ceux et celles qu'elle aime et qui l'attendent. Quand ses escapades comporteront une mission, la Verseau n'arrêtera devant rien pour atteindre ses buts. Par contre, ceux-ci, comme ses rêves, seront souvent plus grands que nature et, bien que la Verseau soit réputée pour son intelligence, son sens pratique et sa dévotion dans l'effort sont plus limités. Ses périples seront donc souvent ardus, ponctués de sautes d'humeur grandioses, mais aussi de moments de pur bonheur. Si elle s'évade pour se reposer, elle choisira sans doute une destination où le confort est au moins égal sinon supérieur à celui dont elle jouit à la maison. Et partir seule ? Non merci !

Partenaires hors pair

Côté tourisme, quels sont les signes avec lesquels j'aurai le plus de plaisir à voyager ?

- La **Cancer** pour son intuition et sa dévotion semblables aux miennes
- La **Vierge** pour sa curiosité et sa capacité de me suivre sans vouloir contrecarrer mes plans

En amitié

Tolérante, agréable, loyale, à l'écoute, franche et sensible, la Verseau sera toujours une amie exceptionnelle. Si ses relations d'amitié n'entravent pas sa soif de réalisation, elles traverseront le temps. Les amitiés les plus solides de la Verseau se créeront dans la vingtaine, alors qu'elle aura atteint plusieurs des buts qu'elle s'était fixés. Elle aura eu le temps de s'affranchir du cadre familial et sa liberté nouvellement acquise lui aura permis de mettre à l'épreuve son système de valeurs. Plus sûre d'elle, la Verseau déploiera alors les efforts nécessaires pour entretenir son cercle d'amis.

Plus jeune, elle sera tout de même très populaire. Son sens de l'humour sera très prisé, et son dynamisme attirera les foules. Ses grands rêves seront contagieux. Au fil des années, la Verseau saura gérer sa vie en y faisant une place de choix pour ses amitiés. Elle arrivera toujours à conjuguer les divers aspects de son quotidien, mais on verra souvent chez elle une grande tendance à prioriser ce qui lui fait plaisir. En effet, comme elle n'a pas un sens du devoir et des responsabilités très développé, elle réinventera chaque jour son mode de vie, mais elle aura bien de la difficulté à le mettre en pratique sans les précieux conseils et l'importante collaboration de ses amies.

En famille

Généralement revendicatrice et un brin rebelle, la Verseau aura de la difficulté à composer avec les contraintes familiales. Elle n'aimera pas être contrainte à l'appartenance à un noyau fixe. Pourtant, les valeurs familiales sont au centre des préoccupations de la Verseau, et ça la suivra tout au long de sa vie.

Si elle choisit d'avoir des enfants, la Verseau les laissera s'épanouir selon leur bon vouloir. Loin d'elle l'idée de vouloir les encadrer; elle les poussera à se connaître eux-mêmes, à faire leurs propres expériences. Elle s'assurera tout de même qu'ils ont toujours tout à portée de la main pour être stimulés. Elle devra alors avoir un conjoint qui accepte ces méthodes d'éducation assez libérales, disons-le ! Somme toute, même si elle peut parfois en douter, elle sera une bonne maman. Quand ses enfants seront à leur tour adolescents, elle sera sans doute une « maman cool », appréciée de tous.

Au boulot

Ses mots d'ordre : liberté d'action, découverte, collaboration, renouveau. La Verseau trouvera facilement son compte dans beaucoup de métiers, tant qu'ils offrent leur part de défis stimulants.

Si elle fait son chemin dans les arts

Elle sera écrivaine, comédienne au théâtre, recherchiste télé ou dénicheuse de talents. Elle a un pouvoir créateur indéniable et il est alimenté par un important besoin de réinventer. Les possibilités sont infinies.

Si elle privilégie les affaires

L'immobilier, les finances, les assurances sont tous autant de domaines où elle peut performer, dans la mesure où c'est elle qui choisit ses horaires. Elle est aussi promise à un brillant avenir si elle se dirige vers les affaires internationales.

Si elle devient une professionnelle

En santé, la Verseau est une bonne candidate pour joindre les rangs de Médecins sans frontières. La philosophie et l'éducation des enfants sont aussi pour elle des avenues à explorer.

Si elle choisit un métier technique

Son sens de l'esthétique serait mis à profit en architecture, en rénovation et en décoration. Sinon, tout ce qui a trait au ciel l'attire; on la verra pilote, astronome ou même astronaute.

Quel sera son style

Quelle vitrine est plus intéressante que le look pour afficher son excentricité ? Parfois timide et réservée, parfois presque exhibitionniste, la Verseau change de look au gré de ses envies. Rien n'est trop beau pour démontrer son côté unique et surtout différent des autres. Inspirée, inventive et caractérielle, la Verseau n'a pas froid aux yeux quand il s'agit de se vêtir. Beaucoup font preuve d'un grand talent pour créer des vêtements et des accessoires originaux.

Plus jeune, la Verseau s'habillera peut-être davantage comme ses amies pour être certaine de bien appartenir à son cercle d'amies, mais cette tendance s'estompera rapidement, à moins qu'elle n'arrive à affirmer son originalité par sa pensée et ses idées et que ça lui suffise.

Tout au long de sa carrière, la Verseau sera toujours vêtue convenablement, mais on ne sera pas surpris de la voir coiffée de façon excentrique ou parée de bijoux voyants.

Dans sa vie de tous les jours, elle préférera les vêtements originaux aux vêtements confortables.

En d'autres mots, on ne peut faire autrement que de remarquer que la Verseau a un talent fou pour transformer n'importe quel ensemble banal en un tout cohérent, mais franchement spécial qui sort de l'ordinaire.

Les qualités de mes défauts ;o)

1. Intelligente	⟷	1. Condescendante
2. Honnête	⟷	2. Trop franche
3. Originale	⟷	3. Excentrique
4. Spontanée	⟷	4. Imprévisible
5. Indépendante	⟷	5. Détachée
6. Ouverte au changement	⟷	6. Contradictoire
7. Articulée	⟷	7. Obstinée

Questionnaire

Es-tu une vraie Verseau ?

1. À l'école, ces temps-ci, tout le monde semble ligué contre toi. Tu n'y comprends rien. Tu…

a) Comment ça, ligué contre moi ? Mon Dieu que les gens n'ont rien à faire !
b) Tu paniques. Tu demandes à tout un chacun, en pleurant, ce que tu as bien pu faire pour mériter ça.
c) À l'école, tu fais comme si de rien n'était et tu sembles même t'en foutre. Ta meilleure amie reste de ton côté, et c'est ce qui compte. Cependant, le soir, à la maison, tu laisses aller ton chagrin.

2. Au cours d'arts plastiques, on vous donne un projet libre à réaliser. Tu…

a) Tu fabriques une sculpture à partir de déchets pour favoriser la conscience éco-responsable.
b) Tu fais un portrait de ton amoureux.
c) Tu peins un tableau abstrait en trois parties qui représentent : le passé, le présent et l'avenir.

3. Au centre commercial, tu…

a) Tu n'aimes pas les centres commerciaux. Tu préfères les boutiques indépendantes qui offrent des produits locaux.
b) Tu achètes sans y penser tout ce que les vendeuses te conseillent.
c) Tu fais principalement du lèche-vitrine. Tu cherches des idées pour ton prochain projet. (D'accord, tu craques pour une paire de chaussures.

4. Il y a une soirée organisée pour le départ en Allemagne d'un de vos camarades de classe. Tu…

a) Tu y vas, c'est certain. Il est bien gentil, ce Guillaume. C'est dommage qu'il doive partir.

b) Tu n'y vas pas… à moins que ton copain veuille y aller.

c) Tu appelles d'abord les filles pour savoir si elles y seront. Tu ne te sens pas d'attaque à entretenir des conversations avec des gens que tu connais plus ou moins.

5. Ta conception d'une soirée idéale, c'est…

a) Ton cours de yoga, un bon souper, puis une nuit de sommeil réparateur.

b) Une soirée au cinéma avec ton amoureux. Ça fait si longtemps qu'il veut voir ce film d'action.

c) Une soirée entre amies où on mange comme des reines et où on partage nos idées en s'amusant à refaire le monde.

SI TU AS UNE MAJORITÉ DE A…

Mademoiselle granole, tu es très saine, mais tu n'es certainement pas une Verseau.

SI TU AS UNE MAJORITÉ DE B…

Tu es bien trop expansive pour être Verseau. Tout ce que tu verses, ce sont des larmes de panique à l'idée de ne pas être aimée ou acceptée.

SI TU AS UNE MAJORITÉ DE C…

Rêveuse, orgueilleuse, bien entourée… oui, tu as tout du onzième signe, chère Verseau.

Le mot de Sabrina

POISSONS

L'astrologie, hein ? Toi, qu'est-ce que tu penses de ça ? Moi, je dois t'avouer que ça me laisse un peu indifférente.

Je veux bien croire que ça peut nous aider à mieux nous connaître, mais, personnellement, mon introspection, je préfère la faire en allant toujours au bout de moi-même, en étant à l'écoute de mes besoins, en faisant ce qui me passionne avec fougue, courage et ténacité. D'ailleurs, si je me fie à ce qu'on lit ici, je n'ai certainement pas le côté paresseux et pessimiste qu'on attribue aux Poissons. Je peux admettre que je suis un peu étourdie, parfois désorganisée, mais aussi toujours généreuse et attentive à mes amies. J'ajouterais que je suis surtout déterminée, fonceuse et dynamique, ce qui ne fait peut-être pas de moi une Poissons, mais bien une Sabrina, et c'est ce qui compte, selon moi !

Bonne lecture !

Sabrina

xx

Sabrina

Surnom : Sab
Date de naissance : 20 mars
Signe astrologique : Poissons

Quelque chose qu'il faut savoir à mon sujet :
je suis une excellente bricoleuse.

Ce que j'apprécie le plus chez mes amies :
leur compagnie.

Mes principaux défauts :
je suis têtue, égoïste et un peu narcissique.

Mes principales qualités :
je suis sympathique, dynamique et rassembleuse.

Mes occupations préférées :
faire de la planche et... faire de la planche.

Ce que je voudrais être :
rockeuse ou championne de planche à roulettes.

Ce que je déteste par-dessus tout :
être coincée à l'intérieur quand il fait beau.

Mes héros de la vie réelle :
Andy MacDonald.

Mon héros fictif favori :
James P. Sullivan.

La musique qui me fait vibrer :
le ska, le rock, la musique alternative.

Mes films préférés :
les films d'action.

Ce que j'aime

- La planche à roulettes
- La musique
- Les batailles d'oreillers
- Les sushis
- Le soccer
- Bricoler
- Me baigner
- Mon chien Bucky
- Ma guitare électrique
- Faire du yoga
- Cuisiner

Ce que je déteste

- Rougir
- La friture
- Le stress
- Les pommes de terre
- La musique classique
- Avoir à prendre une décision importante
- Les incompétents
- Être incapable de résoudre un problème
- L'insignifiance
- Les jeux de société

Comment je vois le monde ?

Le monde, pour moi, est un univers de possibilités. Aventurière et curieuse, dans toutes les sphères de ma vie, rien ne m'arrête. Je savoure chaque jour avec délice et, chaque fois qu'un obstacle me fait trébucher, je me relève rapidement. Profondément optimiste, je crois que chacun est responsable de son propre bonheur et, bien que j'essaie toujours de vivre le moment présent à 100 %, je dois dire que j'ai souvent hâte au lendemain, pour voir ce qui m'attend ! Si seulement il y avait plus de gens comme ça, il me semble que, collectivement, ça irait mieux, non ?

Mes aspirations et mes rêves

De tout mon cœur, ce que je souhaite, c'est d'aller au bout de mes rêves. Je veux atteindre mes objectifs et récolter le fruit de tous les efforts que je fais au quotidien. Je travaille tellement fort pour améliorer ma technique de planche; il faut que ça rapporte ! J'espère aussi un jour avoir la chance de gagner ma vie grâce à la musique. J'ai encore du chemin à faire, mais j'y arriverai ! Ma plus grande réussite serait toutefois de toujours rester passionnée par ce que je fais, et de toujours avoir cette envie de mordre dans la vie.

Où je me vois dans 15 ans ?

- J'aurai obtenu le titre de championne de planche à roulettes.
- Je participerai au mouvement pour en faire un sport olympique.
- Je serai guitariste dans un groupe de rock populaire.
- J'habiterai dans un loft moderne près de la mer.
- Je serai plus en forme que jamais !

La Poissons

Date : Du 19 février au 20 mars

Jour : Jeudi

Élément : Eau

Forces : Imagination, altruisme

Faiblesses : Défaitisme, impénétrabilité

Maison : Douzième

Planète : Neptune

Saison : Hiver

Couleur : Bleu poudre

Pierre précieuse : Aigue-marine

Fleur : Jonquille

Villes et pays : Jérusalem, Rio, Allemagne, Portugal

Le caractère Poissons : Intuitive, secrète, sensible, rêveuse et un brin paresseuse

Devise : Il faut rêver très haut pour ne pas réaliser trop bas.

Quelques Poissons connus

Michel-Ange, peintre génial de la Renaissance

Kurt Cobain, chanteur du groupe culte Nirvana, décédé trop jeune

Eva Avila, première championne québécoise de la populaire émission *Canadian Idol*

Drew Barrymore, actrice et productrice hollywoodienne

Richard Desjardins, musicien, compositeur et poète engagé

Jon Bon Jovi, chanteur (à la coiffure remarquable) du groupe rock du même nom

Freddie Prinze Jr., acteur hollywoodien

Juliette Binoche, actrice française

Elizabeth Taylor
27 février

Albert Einstein
14 mars

Signification de chaque ascendant* pour la Poissons

Si tu as un ascendant Bélier

Tu es secrète et rêveuse, mais aussi charmante et gentille. Tu as parfois tendance à te laisser mener par le bout du nez. Paradoxalement, tu as généralement confiance en toi. En amour, tu es un peu volage et fuyante, mais ô combien attachante !

Si tu as un ascendant Taureau

L'ascendant Taureau te permet de canaliser ton énergie et de la mettre au service de tes besoins. Il te confère également un certain pouvoir d'attraction sur les autres. Ton côté viscéralement généreux lutte avec une dose d'égoïsme au point de vue matériel, une tendance à vouloir tout garder pour toi.

Si tu as un ascendant Gémeaux

Tu es sans contredit la plus secrète des Poissons ! Tu composes parfois mal avec le quotidien parce que tu as de la difficulté à gérer tes émotions. Cela dit, la chance semble te suivre et faire opérer sa magie toujours au bon moment, rattrapant à tout coup les bévues causées par tes étourderies et tes caprices.

Si tu as un ascendant Cancer

Timide, sensible, intuitive à l'extrême... tu es féminine jusqu'au bout des doigts. Romantique et mystérieuse, tu possèdes un grand pouvoir de séduction. Tu es très affectueuse et tu aimes t'amuser et rigoler.

Si tu as un ascendant Lion

Charmante et aimable, tu as cependant un orgueil parfois démesuré qui peut entraver tes relations avec les autres. Tu as une grande soif d'amour et d'attention, mais tu ne supplieras pas pour l'obtenir. Fais attention à ne pas toujours te fier aux apparences!

Si tu as un ascendant Vierge

S'il existe un paradoxe en ce monde, c'est toi qui l'incarnes ! Et, comme il y a toujours deux côtés à une médaille, tu peux en retirer une grande dualité ou un impressionnant équilibre. Timide, mais frondeuse, généreuse, mais égoïste, imaginative, mais têtue... Si tu joues bien tes cartes, tu as tout pour réussir !

* Consulte le tableau aux pages 20 et 21 pour découvrir ton ascendant.

Si tu as un ascendant Balance

Ton plus grand objectif dans la vie est de rendre heureux tous ceux qui t'entourent (dans la mesure où tu récoltes leur amour et, avoue-le, leur admiration). Constamment submergée par tes émotions, tu construis ton quotidien sur de grands élans... ce qui t'expose à certaines déceptions. Un peu de rigueur, ma chérie !

Si tu as un ascendant Scorpion

Tu n'aurais pas un don de clairvoyance, par hasard ? Ton intuition guide chacun de tes agissements et te pousse parfois à devenir un tantinet manipulatrice. Tu as le don de tirer ton épingle du jeu lors de situations complexes. Entière et passionnée, les portes de l'amour te sont grandes ouvertes.

Si tu as un ascendant Sagittaire

Ambitieuse, motivée et en constante effervescence, tu as toutefois un peu de difficulté à évoluer sur le plan spirituel. Tu adores bouger, voyager, t'évader, mais tes principes et tes valeurs, une fois adoptés, sont presque immuables.

Si tu as un ascendant Capricorne

Tu es drôle, enjouée et facile à vivre... derrière tes airs parfois austères, seuls témoins de ta timidité. Parfois, un peu de sérieux t'aidera à atteindre tes buts. Ton caractère engagé et responsable fait de toi la plus fidèle des Poissons.

Si tu as un ascendant Verseau

Tu ne tiens pas en place une seconde ! Tu changes d'idée comme tu changes de chemise, et tu t'attaches rapidement pour mieux fuir tout de suite après. Tu as besoin d'extravagance, d'extraordinaire, de renouveau constant. Un peu de sérieux, mademoiselle !

Si tu as un ascendant Poissons

Si l'on te cherche, on te trouvera la tête dans les nuages. Tu as la réflexion en aversion et le calcul en horreur. Tu es très à l'écoute, très perspicace. Si tu trouves un amoureux dévoué et prêt à composer avec tes errances, tu seras comblée... pour bien longtemps.

Dans la tête d'une Poissons

Les signes avec lesquels j'ai le PLUS d'atomes crochus

Clothilde

Cancer, pourquoi ?
- Notre amitié n'est pas compliquée
- La bonne nature de la Cancer pardonne facilement mes étourderies
- Nous sommes presque toujours sur la même longueur d'onde

Yolanda

Lion, pourquoi ?
- La fougue de la Lion complète bien mon côté charmant
- Notre amitié est faite pour durer
- Nous sommes toutes les deux capables de bien nommer et exprimer nos sentiments

Yin

Verseau, pourquoi ?
- Nous rions des mêmes blagues
- Nous avons toujours quelque chose à se raconter
- Nous sommes très loyales l'une envers l'autre

Les signes avec lesquels j'ai le MOINS d'atomes crochus

Brigit

Taureau, pourquoi ?

- Nous n'avons pas les mêmes goûts
- Si nous sommes trop longtemps ensemble, nous nous tapons un peu sur les nerfs
- Je suis trop dans la lune pour la fonceuse de Taureau

Margrit

Balance, pourquoi ?

- Notre amitié est comme des montagnes russes : nous avons des hauts et des bas
- Nous ne savons jamais à quoi nous attendre l'une de l'autre
- Bref, c'est toujours compliqué

Keera

Scorpion, pourquoi ?

- Nous nous chamaillons tout le temps
- La Scorpion est trop traditionaliste pour l'esprit libre que je suis
- Nous ne nous faisons pas confiance

Comme tout le monde, la Poissons a de bons et de mauvais côtés. Mais celle-ci n'a certainement pas besoin qu'on lui rappelle ses défauts. Très lucide en ce qui la concerne, elle se connaît bien et sait parfaitement tirer profit de ses forces. Par contre, elle sait aussi très bien identifier ses faiblesses. D'ailleurs, les plus pessimistes des Poissons peuvent même avoir une certaine tendance à se saboter elles-mêmes et à sombrer dans l'autodérision. Attention, les Poissons, rien n'est plus important que de s'aimer soi-même.

Être Poissons au jour le jour

La Poissons en famille

La Poissons se sent généralement bien entourée de sa famille, comme elle se sent bien entourée de ses amies. Assoiffée d'affection et de tendresse, elle a sûrement une relation privilégiée avec ses parents. Elle a certainement besoin d'être constamment rassurée, particulièrement si elle est enfant unique.

Si elle a plusieurs frères et sœurs, on la verra souvent jouer le rôle de l'arbitre au cœur des querelles. Elle qui a horreur de la discorde, elle devient presque toujours la confidente de tout un chacun et peut ainsi gérer les différends, qu'elle soit la benjamine ou la cadette. Parfois timide et sérieuse, parfois comique et dynamique, elle cherche avant tout à ne pas faire de vagues.

La Poissons en amitié

Altruiste et dévouée, la Poissons a beaucoup d'amis. Par contre, sa tendance à l'instabilité peut la rendre difficile à suivre aux yeux de ses proches. D'ailleurs, cette grande sensible cherche souvent à cacher sa vulnérabilité sous des airs frondeurs, mais elle n'est pas toujours convaincante. Disponible et compréhensive, la Poissons est une amie hors pair, car elle sait très bien écouter. Elle est aussi très perspicace et saisit intuitivement le chagrin d'autrui. Élément à ne pas négliger, elle a l'imagination nécessaire pour toujours trouver le mot juste qui consolera sa copine en peine.

De nature agréable et souple, elle s'adapte à toute situation sans peine pour faire plaisir à ceux qui l'entourent. Peut-être un peu trop d'ailleurs. Souvent, la Poissons s'inquiète davantage des problèmes des autres que des siens. Ainsi, comme son tempérament n'oppose généralement aucune résistance aux caractères plus forts et imposants, il ne faut pas se surprendre que la Poissons soit si populaire !

La Poissons en amour

Entière, intense, exaltée... voilà quelques-uns des mots qui pourraient décrire la Poissons en amour. Émotive, elle vit toutes ses expériences amoureuses à la puissance mille, les bonnes comme les mauvaises. Cette tendance à l'exagération rend la réalité parfois un peu ennuyante, d'où le besoin de la Poissons de constamment se renouveler... au grand désarroi de tous les garçons qui lui tournent autour. En effet, son côté mystérieux, rêveur et énigmatique lui confère un charme irrésistible. Certaines savent bien le gérer, alors que d'autres peuvent s'en servir au profit d'une petite tendance à la manipulation. Comme la Poissons est reconnue pour son intuition (ou carrément sa capacité à lire dans les pensées !), elle a toutes les armes en main pour capter l'attention... et en faire ce que bon lui semble. Cela dit, profondément attentionnée et attachante, c'est une amoureuse dévouée qui cherche constamment à plaire à son amoureux. Et ce ne sont pas les idées qui lui manquent pour atteindre ce but !

La Poissons à l'école

Les qualités de la Poissons la prédisposent à la réussite dans les matières qui font appel à l'imagination. Sa versatilité et sa polyvalence (et son léger manque d'attention) font en sorte qu'elle a plus de difficulté à s'appliquer dans les matières qui demandent une grande concentration et beaucoup de minutie. Par contre, elle risque d'exceller dans les cours de langues, de composition, d'arts plastiques et de musique. Certaines trouvent aussi leur plus grande valorisation dans les sports, où elles peuvent se défouler et arrêter de réfléchir.

Généralement dans la moyenne, la Poissons fait son chemin à l'école sans difficulté. Son caractère doux et agréable fait d'elle une élève aimée de tous, appréciée de ses professeurs (sauf peut-être ceux qui exigent une assiduité sans faille !).

Boule de cristal, quelques prédictions...

Lis ce qui suit pour découvrir ce que le ciel te réserve... mais rappelle-toi toujours que les vraies prédictions, c'est ton cœur qui te les dicte et tu as toujours le choix d'influencer le cours de ton destin !

En amour

Mots-clés : Romantique, tendre et née pour être amoureuse, la Poissons pourra s'épanouir auprès de différentes personnalités. Tantôt sage et discrète, tantôt passionnée et exigeante, la Poissons est une idéaliste qui tombera souvent dans le piège d'être en amour avec l'amour.

Amours d'ado : La jeune Poissons ne pensera qu'à s'amuser. Elle aime être bien entourée de ses amis et adore faire des rencontres qui lui permettent d'échanger différents points de vue et de se remettre en question. C'est un agent libre. Bonne chance aux jeunes hommes qui tenteront de la faire mordre à l'hameçon !

Jeune adulte : La Poissons cherchera à faire entrer son amoureux dans le moule de l'homme idéal. Attention, chère Poissons, les princes charmants n'existent pas. Tu seras vite déçue si tu entretiens cette illusion.

Vie de famille : Extravagante et exaltée, la Poissons vivra sa vie amoureuse et familiale comme le reste : à travers des moments de grande intensité et de belles fabulations. Gare aux excès ! Les contes de fées résistent bien mal au quotidien.

Copains de choix :

Côté cœur, quels sont les signes avec lesquels j'ai le plus d'affinités :

- Vierge : lucide et présent
- Sagittaire : complice et compréhensif
- Capricorne : tendre et protecteur

En vacances

Généralement dotée d'un certain talent pour apprendre les langues, la Poissons semble prédisposée pour les voyages. Ce besoin d'évasion n'est qu'une des facettes de son insatiable besoin d'imaginaire et de créativité. Autrement dit, ses désirs de voyages et d'escapades seront aussi grands que ses rêves de changement et d'exotisme.

Toutefois, si elle doit voyager pour ses affaires, elle n'en tirera pas la même satisfaction. Ses escapades pourront la mener loin, très loin. Aussi loin que nécessaire pour lui permettre de fuir la réalité, un tant soit peu !

Partenaires hors pair

Côté tourisme, quels sont les signes avec lesquels j'aurai le plus de plaisir à voyager ?

- La **Vierge** pour sa curiosité et son côté organisé
- La **Cancer** pour son adaptabilité et nos envies semblables (et souvent simultanées)

En amitié

Adolescente comme adulte, la Poissons s'entendra toujours bien avec les garçons. Très habile avec les jeux de séduction, elle aura parfois de la difficulté à tracer la ligne entre ses amitiés et ses amours; la différence sera évidente, à ses yeux, mais ses amis masculins risquent de se faire prendre au jeu.

La femme Poissons entretiendra toujours, malgré toutes les rencontres qu'elle fera dans sa vie, quelques amitiés profondes, exclusives et sincères. On la verra sans doute, toute ridée, encore entourée de ses deux ou trois meilleures amies qu'elle aura suivies contre vents et marées.

En famille

Affectueuse, affable et débordante d'idées, la Poissons fera une maman hors du commun. En effet, si elle choisit d'avoir des enfants, la femme Poissons sera comblée dans ce rôle... tellement qu'elle peut devenir trop protectrice. Attention, les Poissons poules !

Quel que soit le mode de vie qu'elle choisit, elle sera sans doute très heureuse en famille, puisqu'elle aimera toujours être bien entourée de ceux sur qui elle peut compter.

En famille, la seule chose dont la Poissons devra s'inquiéter, c'est son emprise sur la réalité. Pour atteindre l'harmonie en famille, comme dans n'importe quel groupe, il faut composer avec les platitudes organisationnelles, et la Poissons, plus que quiconque, a horreur de ça. Mais, elle devra s'imposer un peu de rigueur et mettre la main à la pâte pour le bon fonctionnement de son foyer.

Au boulot

La Poissons, créature paradoxale, est dévorée par l'ambition, mais celle-ci est souvent construite sur des rêves impossibles. Sa plus grande embûche ? Elle souhaite atteindre ses buts, mais sans travailler pour y parvenir. La magie, ça n'existe pas dans la vraie vie. D'ailleurs, dans sa vie professionnelle, elle sera littéralement allergique au 9 à 5 et au confinement dans un bureau, à moins que l'essentiel de ses tâches soit ultra-créatif.

Si elle fait son chemin dans les arts

Toutes les sphères de la créativité lui offriront de belles opportunités : écrivaine, chanteuse, traiteuse, dessinatrice de mode… Les possibilités sont infinies !

Si elle privilégie les affaires

Il ne s'agira pas d'un domaine de prédilection. Si la Poissons y trouve sa place, ce ne sera sûrement pas en tant que patron, car elle risque d'avoir peur de ne pas savoir gérer les crises.

Si elle devient une professionnelle

Tous les métiers qui font appel à sa grandeur d'âme sauront la combler : médecin, infirmière, travailleuse sociale, intervenante en milieu scolaire, etc.

Si elle choisit un métier technique

Elle pourrait faire sa marque comme criminaliste ou détective (métiers pour lesquels son intuition est un trésor). Ses désirs d'évasion pourraient également être satisfaits si elle devenait marin, guide de voyage ou, à un tout autre niveau, bibliothécaire. Pourquoi pas ?

Quel sera son style

Sa tendance : au gré du jour. Son vêtement préféré : le plus polyvalent. Son style : non identifié ou plutôt... changeant.

À l'école, elle privilégiera la mode en vogue, mais dans des coupes classiques, intemporelles.

Au travail, elle se vêtira selon ce que son métier lui impose, sans remettre en question les normes établies. Si elle ne doit pas porter d'uniforme, elle s'habillera comme bon lui semble...

La seule chose qui compte à ses yeux, c'est qu'elle-même se trouve belle, qu'elle soit confortable et que ce qu'elle porte lui fasse plaisir.

Les qualités de mes défauts ;o)

1. Imaginative	⟷	1. Rêveuse
2. Sensible	⟷	2. Braillarde
3. Réaliste	⟷	3. Défaitiste
4. Décontractée	⟷	4. Paresseuse
5. Souple	⟷	5. Influençable
6. Fascinante	⟷	6. Secrète
7. Gentille	⟷	7. Opportuniste

Questionnaire

Es-tu une vraie Poissons ?

1. Une élève de ta classe vient te voir et, à ta grande surprise (car ce n'est pas une amie intime), elle te confie un problème très sérieux. Comment réagis-tu ?

a) Tu lui proposes de prendre une pause avec toi pour en discuter. Tu l'invites à t'expliquer la situation en détail, afin que tu puisses l'aider à trouver des pistes de solution.

b) Tu lui réponds que tu es un peu mal à l'aise avec sa confession, puisque tu ne la connais pas beaucoup. Tu lui suggères d'aller en parler à la psychologue de l'école.

c) Tu l'écoutes attentivement. Tu ne veux manquer aucun mot. Quand les filles apprendront ça… elles n'en reviendront pas !

2. Tu as un immense livre à lire pour le cours de français. Tu…

a) Tu t'y mets dès maintenant. Tu avais justement hâte de te plonger dans une lecture captivante.

b) Tu planifies d'abord ta lecture. Si tu lis 20 pages par soir, tu devrais y arriver, juste à temps pour l'examen.

c) Tu le laisses dans ton casier. Sandrine t'a promis un résumé complet en échange d'un de tes trucs de beauté secrets.

3. Il y a une fête chez Thomas samedi soir. Tu…

a) Tu y vas, c'est clair. Toi qui avais justement envie de t'éclater et de rencontrer de nouveaux amis.

b) Tu hésites. Tu as une montagne de devoirs à faire. La priorité, c'est les études, non ?

c) Évidemment que tu y vas. Mais il te faudra une nouvelle robe pour l'occasion. Vite, au centre commercial !

4. Dans le cours de dessin technique, tu…

a) Tu finis toujours ton croquis la dernière. Chaque fois que tu fais un tracé, tu dois redemander à ton voisin quelle était la consigne.
b) Tu t'amuses comme une folle. La précision, tu en fais ton affaire !
c) Tu boudes. Mais comment as-tu pu atterrir dans un cours aussi ennuyant ?

5. Des olympiades sont organisées par le comité sportif de ton école. Tu…

a) Tu t'inscris dans trois des sept disciplines. Tu adores surmonter de nouveaux défis. Il faut que ça bouge !
b) Tu n'as pas le temps de participer. Les examens finaux approchent et tu as beaucoup trop de pain sur la planche.
c) Tu t'inscris dans la seule discipline où tu excelles, c'est-à-dire du côté des juges. Pas question de te ridiculiser en public !

SI TU AS UNE MAJORITÉ DE A…

Tu es à l'écoute, rêveuse, dynamique et un peu étourdie. Oui, tu as bien lu, tu es sans doute une Poissons.

SI TU AS UNE MAJORITÉ DE B…

Tu es organisée, méthodique, fiable, ponctuelle et un peu maniaque. C'est bien, tout ça, et surtout efficace, mais ça ne fait pas de toi une Poissons.

SI TU AS UNE MAJORITÉ DE C…

Tu es toujours impeccable, populaire et exigeante. Tes caprices sont presque aussi nombreux que les gens qui veulent faire partie de ton entourage, mais tu n'es définitivement pas une Poissons.

Roselyne Cazazian, illustratrice

Illustratrice de nombreux livres pour enfants, Roselyne Cazazian adore raconter des histoires à travers les couleurs et les formes. Artiste rêveuse et passionnée, Roselyne fait des dessins pour vivre, et vit pour faire du dessin.

Karine Blanchard, auteure

Diplômée en langue et littérature françaises, et en traduction, Karine Blanchard a aussi fait un détour en chant pop-jazz pour exploiter son amour des mots sous toutes ses formes. Elle a travaillé sur différentes plateformes du milieu de l'édition au Web, en passant par la télé. Curieuse et passionnée, Karine a trouvé le parfait écho à sa voix dans l'écriture pour les jeunes.

Autres titres signés
Roselyne Cazazian et Karine Blanchard

Dans la même collection